岩　波　現　代　文　庫

コレモ日本語アルカ?

異人のことばが生まれるとき

金水　敏
Satoshi Kinsui

学術 467

岩波書店

目　次

序章　〈アルヨことば〉にまつわる疑問

ある台詞

次に挙げる台詞を見られたい。

- 「あなた、この薬のむよろしい。毒ない。決して毒ない。のむよろしい。わたしさきのむ。心配ない。わたしビールのむ、お茶のむ。毒のまない。」
- 「さあ、のむよろしい。ながいきのくすりある。のむよろしい。」
- 「兄さん、シナ手品おもしろいか、シナ手品こわいあるか。」
- 「それ、あなた。すこし、乱暴あるネ。」
- 手品やるアル　皆来るヨロシ
うまくゆこなら　可愛《かわい》がっておくれ
娘なかなか　きれいきれいアルヨ
- 「こりアたまらん　あんな強い奴にあつちや　かなはんあるな」
「逃げるよろしいな」
- 「どっちがにせあるか　かけするよろしいな」

「よろしいある　負けた方ラーメンおごるか」

●「お前ら　いつまでたってもガキのまんまじゃねーあるか」「少しは大人になるよろし」「菓子やるからこれでも食って落ち着けある」

これら台詞は一見して分かる通り、大変特徴的であり、読む人に強い印象を残す。その特徴は次のようなものである。

A　文末に「ある」がついて断定を表す(「ある」語法と呼ぶ)。
B　文末に「よろし(い)」がついて命令ないし勧誘を表す(「よろしい」語法と呼ぶ)。
C　「が」「を」等の助詞が抜け落ちている。
D　文と文をつなぐ接続詞や接続助詞等も抜け落ちて、文と文との関係がつかみにくい。

これらの台詞を話しているのは、どのような人物かと聞かれたら、多くの方は「中国人」と答えるのではないだろうか。しかし、身近に中国の人たちと接している方々は、今、彼らがこんな話し方をしていないことを同時によく知っているだろう。なぜ、この台詞を中国人が話していると私たちは感じるのだろうか。

これらの用例は、古くは一九二一(大正一〇)年から新しくは二〇〇八(平成二〇)年まで、さまざまなジャンルのフィクションから採られた、中国人あるいは中国人に類した人々の台詞である。それぞれどの時代のどこから採られた用例であるかは、本書の第一章以降をお読みいただきたい。本書ではこれらの話し方をまとめて〈アルヨことば〉と呼ぶことにする。〈アルヨことば〉は、仮想的に構成された一種のピジン(第二章参照)である。「ある」語法、「よろしい」語法を含み、外国人(多くは中国人)の片言風の話し方を表現する。

役割語と〈アルヨことば〉

本書では、〈アルヨことば〉を一種の「役割語」と見ている。役割語とは、特定の話し方(語彙、語法、言い回し、声質、抑揚等)と人物像(性別、年齢・世代、職業・階層、人種・国籍、場面等)とが連想関係として結びつけられ、かつ社会的にその知識が共有されている時の、その話し方のことを指す。例えば次の話し方を示されたとき、多くの日本語話者は、1を老人、2を裕福な家庭の女性、3を関西人と捉えることだろう。それぞれを、役割語としての〈老人語〉、〈お嬢様・奥様ことば〉、〈大阪弁・関西弁〉と捉える。

1　そうじゃ、わしが知っておるんじゃ。
2　そうよ、あたくしがぞんじておりますわ。
3　そや、わてが知ってまっせー。

役割語の詳細については、拙著『ヴァーチャル日本語　役割語の謎』(二〇〇三)その他、巻末の参考文献を参照されたいが、役割語は現実の特定の集団の話し方を元にしている場合もあるし、まったくの想像で作られたものもある。例えば「ワレワレハ宇宙人ダ」と、抑揚のない機械的な音声で言えば〈宇宙人語〉であるが、宇宙人の話し方は現実には存在せず、フィクションの中で作られたものである。

本書の課題の一つは、〈アルヨことば〉が現実の話し方に基づいているのか否か、あるいは歴史的にどのようにして中国人等の外国人話者と結びつけられたのかということを明らかにすることである。〈アルヨことば〉、あるいは中国人の話す片言ないしピジンについて、一般にかなり高い関心が持たれていることを感じる。筆者自身、新聞・雑誌やテレビ番組の取材等で、「「〜アルヨ」という言い方は本当にあったんですか」「いつごろどこで使われていたのですか」という質問をたびたび受ける。戦前の日中関係と結びつけようとする言説もしばしば目にする。

「協和語」と〈アルヨことば〉

〈アルヨことば〉、あるいはそれに類似する片言・ピジンについて語られるとき、「協和語」という用語がしばしば登場する。例えば、門間貴志「朝鮮人と中国人のステレオタイプはいかに形成されたか」の注1に、次のような記述が見られる。

フランキー堺やゼンジー北京が話す中国風の日本語は、満洲国の建国初期に用いられた簡易的な日本語である協和語がルーツとされる。中国語の単語が混じり、用言の語尾変化と助詞の一部が省略されている。（一六二頁）

ほかにも、例えばインターネットで「協和語」というキーワードで検索をかけると、このような言説のバリエーションがいくつか見られる。第四章で触れるように、「協和語」については桜井隆氏の詳細な研究があるのだが、満洲で実際にどのような言語が話されていたのか、〈アルヨことば〉との関連はどのようなものであるか、また「協和語」という呼称を用いることが妥当かということを含めて本書で取り扱いたい。

本書の課題と構成

本書の出発点としての課題をまとめると、役割語としての〈アルヨことば〉のルーツと歴史的形成について探求し、また日清・日露戦争以降、日中戦争終結までの中国における言語実態を探り、それと〈アルヨことば〉との関連について考察すること、ということになろう。

本書の構成と主な内容は以下の通りである。

第一章　宮沢賢治は「支那人」を見たか

〈アルヨことば〉のもっとも古い例として、宮沢賢治「山男の四月」を取り上げ、類似した題材を扱う夢野久作の「クチマネ」と対比しながら、当時の世相とステレオタイプの形成について考察する。

第二章　横浜ことばとその時代

〈アルヨことば〉に先立って、開港場であった幕末〜明治の横浜で発生したピジン＝「横浜ことば」の実態やその影響を資料に基づいて検証する。その中で、*Exercises in the Yokohama Dialect* 改訂増補版に収められたNankinized-Nippon（南京訛《なま》り日本語)が〈アルヨことば〉の原形であった可能性を指摘する。

第三章　〈アルヨことば〉の完成

「山男の四月」に引き続き、昭和初期〜日中戦争時代にかけて、日本国内で作られた〈アルヨことば〉の用例を、世相との関連から分析していく。

第四章　満洲ピジンをめぐって

日露戦争、南満洲鉄道設立、満洲事変から満洲国建国という歴史の流れのなかで、現地で使われたピジンの実態をいくつかの資料に基づいて検証し、〈アルヨことば〉との関連も探る。

第五章　戦後の〈アルヨことば〉

戦後にポピュラーカルチャー作品のなかで生き延びた〈アルヨことば〉と、そこに立ち現れる中国人イメージ、およびその変遷について述べていく。

終章　「鬼子《グイズ》」たちのことば

中華人民共和国で作成された抗日映画に登場する「日本鬼子《リーベングイズ》」＝残忍で愚かな日本兵の話す独特のことば、〈鬼子ピジン〉に着目し、それが満洲ピジンと大変近い関係にあることを述べる。また、横浜ことばから〈鬼子ピジン〉に至るまで、数奇な運命をたどった「進上」ということばの歴史を探る。

「支那」「満洲」の表記について

本書では、その内容上、戦前・戦中の日中関係にまつわる語彙を本文中で用いるので、その用語についてあらかじめ述べておく。

戦前、中国のことは日本では一般的に「支那」と呼ばれていた(同様に、「支那人」「支那語」などとする)が、戦後は「中国」(「中国人」「中国語」)とするのが一般的である。本書でもこの慣習に従い、本文では「中国」を用い、引用や書名等に限って「支那」を用いることとする。

満洲については、「満洲」「満州」という二種類の表記が今日行われているが、戦前はもっぱら「満洲」であった。本書でも本文では「満洲」の方を用い、「満州」は引用および書名の表記のみに用いる。なお、満洲は本来、民族および地域の名前であり、また戦前にこの地域に建国された「満洲国(後に満洲帝国)」は、今日、帝国日本および関東軍によって建国された対日協力国家(いわゆる「傀儡《かいらい》国家」)であるとされる。それゆえ、中国側の研究者の間では「偽満洲国」あるいは「偽満」と呼び、また必ず括弧で括って示すことが慣習となっている。筆者も、満洲国が対日協力国家であったとする見方には疑問の余地がないと考えるが、本文では表記上の簡便さを重視して括弧なしで満洲国という呼称を用いることとする。

それでは、〈アルヨことば〉をめぐる歴史の旅を始めよう。ひとまず時代は一九二〇年代、場所は岩手県のにしね山《やま》から旅は始まる。

第一章　宮沢賢治は「支那人」を見たか

宮沢賢治「山男の四月」

宮沢賢治の童話「山男の四月」は、有名な童話集『注文の多い料理店』(一九二四(大正一三)年刊)に収められている。「どんぐりと山猫」「注文の多い料理店」「鹿踊りのはじまり」等、よく知られた作品がいくつも収められているなかで、「山男の四月」は今日、他の作品に比べてかなり知名度が低い(実は、童話集全体の表題は当初『山男の四月』とされていて、出版直前に『注文の多い料理店』に変更された。「山男の四月」は宮沢賢治にとって、特に思い入れの深い作品なのである。大山一九九八参照)。

「山男の四月」の粗筋を振り返っておこう(「青空文庫」などインターネットで全文読むことができる。短い童話なので、ぜひご一読いただきたい)。

兎をねらって歩いていた「山男」だったが、兎はとれないで山鳥《やまどり》がとれた。日あたりのいい南向きのかれ芝の上に寝ころび、仰向けになって碧い空やふわふわうるんだ雲を見ていると、「なんだかむやみに足とあたまが軽くなつて、逆さまに空気のなかにうかぶやうな、へんな気もちに」なった。そして「雲助のやうに、風になが

「山男の四月」挿絵(菊池武雄画,
新選名著複刻全集より)

されるのか、ひとりでに飛ぶのか、どこといふあてもなく、ふらふらあるいて」七つ森までやってきた。まもなく町へ行くが、町へ入っていくとすれば、化けないとなぐり殺されるので、木樵《きこり》のかたちに化けた。町の入り口にある、いつもの魚屋の前で章魚《たこ》の立派さに感心していると「大きな荷物をしよつた、汚ない浅黄服《あさぎふく》の支那《しな》人《じん》」が支那反物か六神丸《ろくしんがん》を買わないかと声をかけてきた。山男は「どうもその支那人のぐちやぐちやした赤い眼が、とかげのやうでへんに怖くて」しかたがない。買う買うと言うと支那人は見るだけでもいいと言い、さらに赤い薬瓶のようなものと小指くらいのガラスのコップを取り出して、薬をのめと言い、自分もかぷっと呑んだ。山男は支那人の指も細くて爪も尖っていてこわいと思ったが、薬をのんでしまった。すると自分の体が六神丸になって、行李の中にしまわれてしまった。行李の中には、先に六神丸にされた別の男もいて、話を始めた。支那人が静かにするように言うと、山男は逆に人前で「どなつてやる」と脅した。支那人はそれは困ると泣き出した。山男はかわいそうになって、町に入っても声をださないようにすると約束した。別の六神丸にされた男は上海から来たと言い、外の支那人は「陳」という名前であることを教えた。また、そばにある丸薬を呑めば体も元通りになることを教えた。山男は、陳がひとりの子供にまた薬を飲ませて六神丸にしようとしているのに気づき、丸薬を呑んで元の大きさに戻った。陳はびっくりして水薬をのまずに丸薬だけ呑むと、背がめきめき高くなって、山男につかみかかろうとした。山男は足がからまわりし、とうとう陳に捕まえられようとしたとき、夢から覚めた。すべては春の日の夢の中の話だった。

まず、この童話の主人公である、金色の目、赤い顔、赤い髪の毛をした山男とは何者か。山男は、この童話以外にも「祭の晩」(仮題、『校本』第九巻)、「紫紺染について」(同)など賢治の他の作品に登場し、また柳田国男の『遠野物語』(一九一〇(明治四三)年)でも幾度か触れられているように、東北地方の民間伝承に伝えられる、人のようで人でない、妖怪のようなものである。『遠野物語』の山男が概して恐ろしい存在として語られているのに対し、「山男の四月」の山男は、にしね山で兎狩りをするが、兎はとれずに山鳥がとれてしまい、でもそのことにすぐ満足してしまうようなのんびりした性格を持ち、町の人を恐れて木こりに化けるという小心なところがあり、また自分をだました「支那人」にさえすぐ同情してしまうような純朴な心を持った好ましい人格として造形されている。宮沢賢治自身の自我が投影されているところもあるのだろう。

さてこの童話では、山男がいろいろ不思議な冒険をする。その不思議さの理由は、結局ほとんどが山男の見た夢だった、ということで解決してしまいそうだが、しかしなぜ「支那人」なのか、なぜ「六神丸」なのか、ということの背景には、この童話が書かれた当時の時代の空気が色濃く反映されている。

「支那人」について

中国人がどのように描かれているか、確認しておこう。「支那人」は「汚い浅黄服」を着た行商人の悪銭稼ぎで、「支那反物」と「六神丸」を売り歩いている。赤い目や尖った爪がこわい様子である。不思議な水薬と丸薬を操り、人を六神丸にしたり元通りにしたり、また大きくすることもできる。「ひよいひよいと両脚をかはるがはるあげてとびあがり、ぽんぽんと手で足のうらをたた」くようなひょうきんな動きをし、また人に強く言われると「両手を胸で重ねて泣いて」しまうような弱々しいところもある。そして何より、奇妙な話し方をする。この話し方こそ、本書のテーマである擬製ピジン、〈アルヨことば〉である。これについては後でもう一度まとめることにする。

「山男の四月」の中国人の造形については、安藤恭子氏の「〈世界図〉としての言説空間―宮沢賢治「山男の四月」と大正期「赤い鳥」―」(一九九三)が参考になる。安藤氏は、宮沢賢治と同時代の雑誌『赤い鳥』に登場する「支那人」および「支那人」像が、

A 仙人・手品使など超常者としての支那人
B 人さらいとしての支那人
C 敵対する／蔑視すべき支那人

の三つに大きく分けられるとしている。これらはいずれも、当時の日本人にとっての「世界図」における中国人の位置づけを表しているのだ。

まずA「仙人・手品使など超常者としての支那人」は、遠く前近代の仙人譚・怪異譚に起源を持つと安藤氏はしている。また一方で、超常的な力を持つことは、神・異人・他者の一つの大きな特徴であり、安藤氏は、『赤い鳥』の中に超常的な力を発揮するものとして日本の神、アイヌの神、仏教関係、キリスト教関係、インド人、琉球人、火星人その他を見いだしている。中国人はその一つの例にすぎないとも言える。だが、手品使に関して言えば、後述する坪田譲治の小説「善太の四季」(一九三四〔昭和九〕年)その他に見るように、当時実際に「支那人」の手品師が多く町で見られたことを反映している

面もあるだろう。

次にB「人さらいとしての支那人」については、当時の現実の事件の中に見いだせる。安藤氏は、卓南生『中国近代新聞成立史―1815-1874―』(一九九〇)を参照し、「アヘン戦争以後、西洋諸国の裕福な商人が中国人を労働者とするべく誘拐し売り飛ばすいわゆる「猪子売買」」について言及している。

なお補足すると、『近代日中関係史年表』(二〇〇六)によれば、一八七〇(明治三)年に「在留清国人による日本人の子供の買取りと海外への売渡しにつき、厳禁を命令。」、一八七二(明治五)年に「清国人による日本人子供の売買につき、再度その禁止を布告。」、一八八三(明治一六)年に「井上(馨)外務卿、黎(庶昌)公使に人身売買禁止への協力を依頼。黎公使、協力を約束。」という記事が見えている。

安藤氏は、関連する童話として『赤い鳥』所収の長田秀雄「鋼鉄色の自動車」(一九二二(大正一一)年三月号)を取り上げている。この童話では貧しい職工の子・仙太が仏蘭西大使館へ曲がる通りで鋼鉄色の自動車にさらわれ、「魚の膚のやうに蒼ざめ」て「何とも言へない光る眼」を持った「恐ろしい顔をした支那人」「汚い支那人」の手で「諸国の悪党が集まつて」いる上海を経由して仏蘭西の商人に売られていく。また坪田譲治「支那手品」(一九三三(昭和八)年一一月号)は

「支那手品の中に子とりがゐるんですよ。」という母の言葉にさからって手品を見に行った善太が、隣村に移動する支那手品一行について行き、チャルメラを壊してしまったことから支那人に金を要求され、さらわれるかもしれないという恐怖を味わう。さらわれることなく置き去りにされた善太は、帰宅し、父に抱きついて泣くというストーリーである。「子とり」というキーワードは注意すべきキーワードの一つである(この童話については第三章で再び触れる)。

ここでまた補足しておくと、「六神丸」というモチーフもまた、誘拐と結びついていた。益田勝実「山男の四月―宮沢賢治の表現の特色―」(一九八四)には次のような一節がある。

たくさんの中国人の行商人が、日本の津々浦々を回って歩いていた大正期から昭和初期へかけての実景が、ここで作品に取りこまれてくる。主として繭紬《けんちゅう》という織物の反物とか、これから問題になる六神丸という薬を売り歩くか、瀬戸物のわれたのを継ぐ修理や大通での軽業《かるわざ》など、わたくしもその光景はいまだによく覚えている。特に六神丸は、万病にきく著効薬として、日本人も重用したが、あまり利き《き》目があるので、「あれは人間の肝で造ったものだ」「日本の子どもをさらっていって、鴨緑江の向こうで肝を抜き取って造っている」というような噂が流れていた。子どもたちに親が常々口をすっぱくして言い聞かせていたのは、「子盗《と》りについて行くんじゃない」ということだった。子どものわたくしたちの心にも、子盗りの恐怖は深く染みついていたから、六神丸売りを見かけると、親の背後に身を隠したものだった。そのくせ、病気になって、何回も六神丸の粒を水で呑みくだした記憶もある。（八頁）

信時哲郎「いのちの代償―宮沢賢治「山男の四月」論―」（一九九六）によれば、宮沢賢治には「十月の末」（一九二一（大正一〇）年か一九二二（大正一一）年）という小品があり、その下書き部分にも、「支那人支那人。どこさ行ぐ。肝取りが。」という部分があるという（最終形態では削除された）。すなわち、宮沢賢治の生まれ育った岩手においてもこの噂は流布しており、そういった偏見から宮沢賢治も自由ではなかったということである。また信時論文によると、葉山嘉樹「淫売婦」（『文芸戦線』一九二五（大正一四）年一一月）に六神丸が登場する。この小説で、主人公の民平はポン引きらしきものにつかまって横浜の中華街近くの倉庫に連れて行かれる。

この歪んだ階段を昇ると、倉庫の中へ入る。入ったが最後どうしても出られないやうな装置になつてゐて、そして、そこは、支那を本場とする六神丸の製造工場になつてゐる。てつきり私は六神丸の原料としてそこで生き肝を取られるんだ。

（二三九頁）

なお、生き肝とは直接関係ないが、史実として『近代日中関係史年表』には「東京府、上海製の六神丸を砒素含有の理由で販売禁止。」（一八九九（明治三二）年）という記載があることを付け加えておく。

Cの「敵対する／蔑視すべき支那人」については、「「現代」の世界情勢の中での日本と支那との関係が、言説に直接的に織り込まれることとなる」（安藤前掲論文）。『赤い鳥』において、例えば、騎兵大佐・喜多信太郎の「営口来襲」（一九二二（大正一一）年四月号）では、「日露戦争の奉天総攻撃の直前、露軍の来襲の風評に、露国の旗を用意したり、日本人に立ち退きを迫ったり、日本人の商品の売り渡しを拒んだりする支那人の姿」が報告されているという。また久米正雄「支那船《サンパン》」（一九二一（大正一〇）年一月号）でも、人殺しをしようとする「支那人」、「自分が叶はないと思ふと、実に従順な人種」としての「支那人」が描かれている。

このようにして見ると、「山男の四月」に登場する〈さらう支那人〉「陳」は、大正時代におけるA・B・Cのような支那人像の引用であることが分かる。安藤氏は次のようにまとめている。

以上の考察から、「山男の四月」の〈さらう支那人〉が、第一次世界大戦後の〈世界図〉を担った物語世界の中で繰り返し登場し、〈支那人像〉として確立していたその〈像〉の引用であることが分かるだろう。支那人の手品師的動作、魔物的あるいは異人としての容姿が、好奇と恐怖を呼び起こしつつ物語を面白く展開させる。そして、不思議な薬を媒介に人間を変身させて金を稼ぐ支那人の行為を描くことで、支那人の「いやしさ」が表され、差別的視線がそそがれるべき〈像〉が完成しているのである。しかし、「山男の四月」はそうした〈像〉をそのまま引用することで完結しない。まず、山男の視線が、世界の中で弱者として位置づけられる支那人の悲哀・不幸を「同情」を媒介にうがっていく。しかし、それだけでは、蔑視されている〈像〉を容認した上での「同情」にすぎない。そうした〈像〉を日本人の観念の産物として葬りさることのできる人物とは、もう一人の支那人、すなわち支那人自身なのである。〈さらう支那人〉を相対化するために〈さらわれる支那人〉を登場させ、物語世界の〈像〉としての支那人に対して「ほんたうの支那人」を対置させる。そのことによって、既成の物語そのものを相対化しようとする物語、それが「山男の四月」なのである。

（八三―八四頁）

なお、興味深いことに、山男の前に六神丸にされていた〈さらわれる支那人〉は、話し方が〈アルヨことば〉ではなく、普通の日本語であった。この点は本書にとって重要である。すなわち、〈アルヨことば〉が異人としての「支那人」の属性の一部として有効に利用されている、という点である。

「支那人」の話し方

ここで、「山男の四月」に登場する「陳」の全発話を抜き出しておこう。一例ごとに改行して示す。

- 「あなた、支那反物よろしいか。六神丸《ろくしんぐわん》たいさんやすい。」
- 「買はない、それ構《かま》はない、ちよつと見るだけよろしい。」
- 「あなた、この薬のむよろしい。毒ない。決して毒ない。のむよろしい。わたしさきのむ。心配ない。わたしビールのむ、お茶のむ。毒のまない。これながいきの薬ある。のむよろしい。」
- 「さあ、のむよろしい。ながいきのくすりある。のむよろしい。」

・「声あまり高い。しづかにするよろしい。」
・「それ、あまり同情ない。わたし商売たたない。わたしおまんまたべない。わたし往生する、それ、あまり同情ない。」
・「もすこし待つよろしい。」
・「それ、もとも困る、がまんしてくれるよろしい。」
・「も二十分《じっぷん》まつよろしい。」
・「支那《しな》たものよろしいか。あなた、支那たもの買ふよろしい。」
・「さあ、呑むよろしい。これながいきの薬ある。さあ呑むよろしい。」
・「わたしビール呑む、お茶のむ。毒のまない。さあ、呑むよろしい。わたしのむ。」

この話し方について、序章では次の四つの特徴を挙げた。

A　文末に「ある」がついて断定を表す（「ある」語法と呼ぶ）。
B　文末に「よろし(い)」がついて命令ないし勧誘を表す（「よろしい」語法と呼ぶ）。
C　「が」「を」等の助詞が抜け落ちている。
D　文と文をつなぐ接続詞や接続助詞等も抜け落ちて、文と文との関係がつかみにくい。

Ａについて補足しておくと、この作品では、「ある」がつくのは名詞のみで、つまり「である」「だ」の代わりに「ある」が使われている、とも言える。後に多く登場する〈アルヨことば〉では、動詞や形容詞、また助動詞の終止形に「ある」がつく例も多く見られるのだが、この資料ではそれは現れていない。

さらに、次のような点も付け足せる。

Ｅ「たいさん」という語が「とても」「非常に」の代わりに用いられている。

Ｆ「もっとも」が「もとも」、「たんもの」が「たもの」になるように、促音・撥音が落ちて語が短くなることがある。

Ｇ「おまんま(が)食べられない」と言うべきところを「おまんまたべない」と言っている。これは助動詞「られ」を省略した表現と見ることができるだろう。

「たいさん」は第二章で明らかになるように、「横浜ことば」の語彙の一つである。また、「よろしい」語法も横浜ことばと共通する。総体として、あるべき要素が抜け落ちたり、文法規則や屈折(活用)が単調になったりするなど、世界のピジン言語と共通の特徴をこの言語は持っている。しかも、この後さまざまな創作物の中で多くの例が登場する〈アルヨことば〉の特徴を既に完璧に備えていると言っていいだろう。

一方で、〈さらわれる支那人〉の話し方は次の通りで、ごくまともな日本語である。

・「おまへさんはどこから来なすつたね。」
・「わしだよ。そこでさつきの話のつゞきだがね、おまへは魚屋の前からきたとすると、いま鱸《すゞき》が一匹いくらするか、またほしたふかのひれが、十両《ジツテール》に何斤《なんぎん》くるか知つてるだらうな。」
・「へい。そんないい章魚《たこ》かい。わしも章魚は大すきでな。」
・「まつたくさうだ。章魚ぐらゐりつぱなものは、まあ世界中にないな。」
・「おれかい。上海《しやんはい》だよ。」
・「さうでない。こころをあるいてるものは、みんな陳のやうないやしいやつばかりだが、ほんたうの支那人なら、いくらでもえらいりつぱな人がある。われわれはみな孔子《こうし》聖人《せいじん》の末なのだ。」
・「さうだ。ああ暑い、蓋《ふた》をとるといゝなあ。」
・「いゝや、まだたくさんゐる。みんな泣いてばかりゐる。」
・「それはできる。おまへはまだ、骨《ほね》まで六神丸《ろくしんぐわん》になつてゐないから、丸薬《ぐわんやく》さへのめばもとへ戻《もど》る。おまへのすぐ横《よこ》に、その黒《くろ》い丸薬《ぐわんやく》の瓶《びん》がある。」
・「だめだ。けれどもおまへが呑んでもとの通りになつてから、おれたちをみんな水に漬つけて、よくもんでもらひたい。それから丸薬をのめばきつとみんなもとへ戻る。」

・「それはいつしよに丸薬を呑んだからだ。」

先に触れたように、このような話し方をするのは、陳のような「いやしい支那人」「わるい支那人」ではなく、「ほんたうの支那人」「孔子聖人の末」であることと対応している。

夢野久作「クチマネ」

「山男の四月」の陳の話し方の特徴を明らかにするために、「山男の四月」の執筆の翌々年に公表された夢野久作の「クチマネ」という短編童話を対置してみよう。夢野久作(一八八九(明治二二)―一九三六(昭和一一)年)は『ドグラ・マグラ』(一九三五年)、『少女地獄』(一九三六年)等で知られる怪奇・幻想小説家だが、本作は一九二三年、彼が『九州日報』の記者として家庭欄を担当していた頃、海若藍平《かいじゃくらんぺい》名義で新聞に掲載していた童話の一つである。夢野久作の作品中でも本作が注目されたことは筆者の知る限りほとんどない。梗概は次のようなものである。

美代子さんは綺麗な可愛らしい児だったが、ひとの口真似をするので皆から嫌われていた。或る日の事、美代子さんがお家の前で羽子《はね》をついていると、一人の支那人が反物を担いで遣って来て、美代子さんのお家の門口で、「奥さん、旦那さん、反物入りまションか」と言った。美代子さんは羽子をつきながら「入りまションよ」と云った。その後も美代子さんは支那人の口真似をしていると、支那人は美代子さんのすぐうしろに来て、小さな金襴の巾着をポケットから出してその口を拡げながら、「オーチンパイパイ」と云った。美代子さんは「オーチンパイパイ」と口真似をすると、支那人は「ハッ」と大きなかけ声をし、美代子さんは羽子と羽子板ごと影も形も見えなくなってしまった。美代子さんのおうちの玄関で勉強をしていたお兄さんの春夫さんは、支那人が妙なかけ声をするとともに羽子板の音が聞こえなくなったので、変に思って障子を開けて見ると美代子さんが影も形も見えない。いよいよ変に思って表へ駆け出して見ると、二三軒先で支那人が、「反物入りまションか」と云っている。春夫さんはあの支那人が誘拐《かどわか》したに違いないと思った。春夫さんは支那人の後をつけていくと、支那人は街の賑やかな処へ来て、黒い掃き溜の横にある小さな入口へ入り、アトをピシャンと閉めてしまった。春夫さんは黒い箱にのぼって小窓からガラス越しにのぞいて見ると、眼の前の大きな階段の上の方からかすかに女の子の泣き声が聞こえてくる。窓が開いたので、中に入って泣き声のする方に近づいていくと、突き当たりの扉のなかから女の子の泣き声が聞こえてくるので鍵穴からのぞいてみた。中では支那人が巾着の口を開きながら、「メーチュンライライ」と云うと、一人の女の児が机の上に飛び出した。支那人は、口真似をした罰だと言って服を脱がせ、下着一枚にしてまた袋に戻した。そのようにして次々と女の子を出しては入れ、机の上は洋服や着物の山となった。春夫さんはすきを見て巾着をつかんで露地に飛び出した。支那人は「泥棒、泥棒」と追いかけてきた。二人は警官にあやしまれ、警察に連れて行かれた。巾着からは南京玉がバラバラと出てきて、春夫はあやうく泥棒にされそうになったが、思い切って「メーチュンライライ」と叫ぶと大勢の女の児が現れ、美代子さんも出てきた。魔法使いの支那人はすぐにつかまり、巾着は警察で焼かれ、家に帰った美代子さんは決して口真似をしなくなった。

この作品も「青空文庫」に収められていて、インターネット等で読むことができる。本作は、「山男の四月」同様、行商人の中国人が登場する。しかも、安藤恭子氏の挙げたA「仙人・手品使など超常者としての支那人」、B「人さらいとしての支那人」、C「敵対する／蔑視すべき支那人」の三つの特徴をすべて兼ね備えている点で、「山男の四月」の陳そっくりである。しかし物語の構造は遥かに単純である。すなわちこれは都市を舞台にした怪奇・冒険譚であり、少年の勇気ある行動によって家族が取り戻されるという少年物の王道を踏まえている。「支那人」の魔法使いは終始徹底して恐怖すべき異人性に満ちており、一切の同情・共感を寄せつけない。特に、その言葉遣いは彼のよりリアルな薄気味悪さを巧みに演出していると言えるだろう。「支那人」の言葉遣いを抜き書きしてみよう。

- 「奥さん、旦那さん、反物入りましョンか」
- 「けんとんけんちゅう、(支那の織物の名)入りましョンか」
- 「オーチンパイパイ」
- 「ハッ」
- 「けん、、、、とんけんちゅ、、、入りましョンか」
- 「反物入りましョンか」
- 「メーチュンライライ」
- 「お嬢さん。あなた、私の口真似をしたでしょ。だから私が罰をするのです。さあ、あなたの持っていらっしゃるものを皆下さい。着物も帽子も靴もお金も」
- 「さあお嬢さん、私の口真似をなさい。そうすれば命だけは助けて上げます。オーチンパイパイ」
- 「メーチュンライライ」
- 「口真似をした罰だ」
- 「アッ、泥棒」
- 「泥棒、泥棒」
- 「その巾着返せ」
- 「違います違います。この袋は私の大切な袋です。この小供はうそ云います。こんな小さい袋の中に女の子が大勢いる事ありません。嘘ならあけて御覧なさい」
- 「これ欲しいからこの小供泥棒したのです。そうして嘘云うのです」

この支那人は、あからさまな「〜ある」「〜よろしい」といった標識を用いていないので、「山男の四月」で感じられた滑稽味が薄らいでいる。しかし一方で、「入りまションか」のような音声の誤り、「したでしョ」のような長音の短呼化、「けんとん」(=けんどん〈絹緞〉)のような濁音・清音の取り違え、「うそ云います」(=うそを云っています)のような助詞・補助成分の脱落など、外国人にありがちな、臨時的・片言的な誤用がちりばめられており、よりリアルさを感じさせる。さらに、「オーチンパイパイ」「メーチュンライライ」という、エキゾチックな響きの外国語が呪文として使用されており、そのことが怪奇的な雰囲気を一気に高めている。なおこの呪文は中国語風だが、「ライライ」が「来来」であろうということ以外は理解不能で、偽外国語と言うべきものだろう(「メーチュン」はむしろドイツ語「メッチェン」＝少女から連想されたのではないか)。

「山男の四月」と「クチマネ」は、発表当時に日本社会に流布していた中国人像を引用しているという点で共通性を持った作品である。しかし中国人の言葉遣いに着目したとき、前者は、以後連綿とフィクションのなかで受け継がれる記号的でステレオタイプな〈アルヨことば〉を利用しているのに対し、後者はより個別的で、その分よりリアルでもある片言と、エキゾチックな偽外国語の呪文を併用していた。ここで疑問として浮かび上がるのは、宮沢賢治の陳の話し方や夢野久作の魔法使いの支那人の話し方は、どのような言語資源を利用して作り出されているのか、という点である。特に〈アルヨことば〉は宮沢賢治の創作なのか、それとも何らかの既存の先行例を参照しているのか。以下の章では、宮沢賢治・夢野久作以前の資料や作品に現れた外国人の片言日本語やピジン的な表現の歴史を探索し、また加えて、「山男の四月」「クチマネ」以降の世界情勢のなか、中国大陸で新たに生じていく、日本語と中国語との接触とその影響を追っていく。さらに、戦後から現代にまで受け継がれる〈アルヨことば〉の面から、異人としての中国人像の継承と変容についても注目していく。では、旅の舞台を、一八六〇年代の横浜に移そう。

第二章　横浜ことばとその時代

ピジンについて

前章で取り上げた「山男の四月」の「支那人」陳のことばは、言語学でいう「ピジン」に似ている。ピジンとは、二つ以上の言語が接触する場で、自然発生的に用いられる奇形的な言語である。当座の間に合わせのために、耳で覚えた、相手の言語のわずかな単語や文法を継ぎ合わせて、なんとか用を足そうとする時に生じる「片言」が、社会的にある程度慣習化したものを言う。辞書や文法が書ける程度に「言語」らしくなる場合もある(さらに、ピジンを聞いて育った子供たちが自らの言語能力でピジンを完全な言語に生まれ変わらせることもあるが、それは「クレオール」と呼ぶ)。陳のことばは、現実に存在したピジンをまねて作られたものと言える。これを、リアルなピジンに対して、ヴァーチャルなピジンすなわち仮想ピジン、あるいは擬製ピジンとでも言っておこう。

ピジンを概説したトッドの本から、ピジンの特徴について述べた部分を引用する。

ピジンとは、共通語をもたない人々の間に起こる、ある限られたコミュニケーションの必要を満たすために生まれる周辺的な(marginal)言語である。接触の初期の段階においては、思想の詳しい交流を必要としないやりとり、そして、ほとんど1つの言語だけから選ばれる、少数の語彙で充分足りるような取引に限られることが多い。そのようなピジンの統語構造は、接触した言語の構造よりも簡単で、適応性も少ない。また、ピジンの特徴の多くは、接触言語の語法を反映することは明らかであるけれども、ピジン固有の特徴も多い。（『ピジン・クレオール入門』五―六頁）

引用文にもあるが、ピジンの特徴は、単純化（そしてその裏返しの多義性）と混質性である。例えば次のような特徴が現れる。

1　語彙の減少。きわめて限られた単語を使い回す。従って、一つの単語はいろいろな意味で使われることになる。

2　形態の単純化。活用・屈折といった単語の変化が乏しくなり、一つの形態（例えば終止形）をいろいろな文脈で使い回す。

3　統語構造の単純化。助詞・助動詞などが乏しくなり、また接続表現も乏しくなって、文を二つ並べたものが修飾、条件、理由、継起など多様な関係を表すといった現象が起こる。

4　外国語の語彙、あるいはピジン独特の語彙が混じる。

5 話者の母語の音声の影響で、音声に訛《なま》りが生じる。

このような観点から見ると、「山男の四月」の陳のことばは概ねピジンの特徴に沿ったものであることが分かるだろう。すなわち、

1 「ある」「よろしい」といった語がいろいろな意味で繰り返し使われている。特に「よろしい」は、文字通り「よい」の意味の他、命令、依頼、勧誘等の意味に用いられている。
2 文末の活用、助動詞、終助詞等のバリエーションが極めて乏しくなっている。過去形がなく、すべて現在形の終止形のみ(一箇所だけ疑問の「か」が用いられる程度)。
3 格助詞がほとんど省略され、また文と文をつなぐ接続詞や接続助詞もほとんど使われていない。
4 「たいさん」(＝ここでは「とても」の意)という独特の語彙が用いられている。
5 「たんもの」が「たもの」になるという音訛が見られる。

これに対し、「クチマネ」の方は、ピジンとしての特質はあまり顕著ではないが、それでも既に述べたように助詞の脱落、音訛、特殊な語彙(呪文)などが見られた。

リアルなピジンとしての横浜ことば

「山男の四月」や「クチマネ」に現れたのは、フィクションの中での擬製ピジンであったが、それではこれらのもとになったリアルなピジンは存在したのか。この点について、見ておかなければならないのが、幕末から明治にかけて、場所は横浜の開港場で生じたと見られる「横浜ことば」である。横浜ことばが文献に現れた例として比較的早いのはエメェ・アンベールの『幕末日本図絵』である。本書は通商交渉のために日本を訪れたスイス時計業組合会長アンベールによる日本旅行記で、大変詳細で印象深い文章と詳細なイラストにより、当時の日本の様子が生き生きと記されている。これによると彼は一八六三(文久三)年に長崎に到着し、同年四月二七日、横浜郊外のオランダ総領事の家に入り、日本人の召使いトオに日本語を習った。その際のことが以下のように書かれている。

私の召使はトオ Tôという名前の若い男であった。多くの日本人にありがちな、自分の正確な年齢は知らなかったが、(中略)

私が日本語の手ほどきを受けたのは、彼からであった。彼はわずか三つの言葉で

「江戸市中散策の図」(『アンベール幕末日本図絵　上』口絵より)

会話を理解する鍵を私に与えた。彼は自分では気がつかないが、これほどまでに哲学の方式にかなった方法を用いることに、誰でも驚かずにはいられまい、と私は思った。事実、人間の精神的な行動は、疑問と、否定と、肯定の三つの表現に要約される。(中略)したがって、まず疑問から始めて、日本語で arimaska——すなわち、「アリマスカ」を覚え、ついで否定の arimasi——「アリマセン」に移り、そして、肯定の arimas——「アリマス」で終わるわけである。それから後は、辞書が必要な言葉を教えてくれる。たとえば、Nippon——日本または日本人、tchi——火、tcha——茶、ma——馬、misou——水、founé——小舟または船、kinkwa——喧嘩、等々である。(中略)

私はこうして通訳の助けがなくても、ちょっと手真似をして思うことが先方に通ずるようになった。かなり長く馬で遠乗りをして家に戻って来て、トオにお茶を持って来させるため、「チア、アリマスカ」tcha arimaska? というと、彼は「アリマス」arimas と答え、間もなく、お茶はもう私のテーブルの上に置かれている。また、私が、警鐘の鳴るのを聞いて、火事ではないかと思い、「チィ(火)、アリマスカ」tchi arimaska? と聞くと、トオは、「アリマス」arimas と答える。間もなく火事が消えると、彼は戻って来て、「アリマセン」arimasi とうれしい知らせを伝える。

(五一—五二頁)

本書に現れた会話で特徴的なのは、「〜あります」「〜ありますか」「〜ありません」のように述語が「あります」とその疑問形、否定形に限定されていることで、逆にいえば「あります」の意味は文脈に合わせて極めて多義的になっていると言える(これを「あります」語法と呼ぶ)。文章はほとんどすべて主語名詞＋述語の二語文であり、簡潔きわまりない。その話者や状況に着目してみると、主人であるアンベールと、使用人である日本人のトオ(藤吉とか藤三郎とか、そのような名前の縮約形かもしれない)との生活における、必要最小限の命令や情報のやりとりに用いられているにすぎず、その範囲では十分実用的であると言える。横浜ことばは、このような状況のなかで生まれてきたものと想像できる。横浜開港から四年が経過しているが、アンベールの叙述は、このようなやりとりが決してその場限りで臨時的に作り出されたものではなく、すでにある程度確立し、安定したパターンを踏襲している印象を与える。

次に見る用例は、寺沢正明の『一生一話』である。寺沢は旧幕臣で彰義隊の一員として一八六八(慶応四)年の上野戦争に参戦し、榎本武揚とともに開陽艦で東京湾から函館まで敗走した。その折り、付き添っていた二人のフランス人士官、ブリューネとカズヌーフのことばを記録したのが次の文である。

あなた上野で負けましたが弱くありません、之から私と蝦夷いきます、薇根《わらび》たべます回陽《ママ》たくさん能き船あります、負けません来年三月帰ります、其時あなた上野花みます、楽みますか酒のみますか喜びますか私思ひませんあなた涙出ますある

(『彰義隊戦史』四八一頁)

この文章は、後年の記憶に基づく再現であるので、正確性という点では疑問が残るが、しかしフランス人士官が用いる表現としてふさわしいと書き手も読み手も納得できる文体であることは認めてよいのだろう。ここでも、『幕末日本図絵』と同様、「あります」が多用されているが、一箇所「ある」も用いられている点は注目される。すなわち、文

An incident at the French School
Nous ne wakarimasons pas
Wakarimas!
2 fois 2 font
4

「フランス語学校でのできごと」(『ワーグマン素描コレクション 下』28頁より)

末表現として「ある」も「あります」のバリエーションとして使用されていた可能性を窺わせる。また『幕末日本図絵』とは違って、簡単なやりとりを越えて大変複雑な内容を表現しようとしている。「私思ひません……」というあたりは、主文の動詞を先に言うフランス語の構造が透けて見えるようで興味深い。

次に紹介するのが *The Japan Punch* である。これは当時、横浜居留地に滞在していたチャールズ・ワーグマンというイギリス人画家が作ったポンチ漫画雑誌で、横浜居留地で起こるさまざまな出来事を面白おかしい一コマ漫画に表現している。その一つが次の例で、フランス語学校での出来事を表している。

フランス人教師「Ftatze, ftatze, yotze arimas. Wakarimas?(ふたつ、ふたつ、よっつあります。分かります?)」

日本人学生「Nous ne wakarimasons pas(私たち、分かりません)」(『ワーグマン素描コレクション 下』二八頁)

wakarimasons というのは「分かります」という日本語をあたかもフランス語のように活用させた表現である。苦し紛れの片言フランス語と言えよう。日本人学生の、ちょんまげを付けた洋装の格好もアンバランスでおかしい。

次に、同じく *The Japan Punch* から「Hamuretu san(ハムレッさん)」を紹介しよう。これは「ハムレット」の有名な独白シーン「To be or not to be, that is the question.」を横浜ことばで書き表したものである。

Arimas, arimasen, are wa nan deska: —(アリマス、アリマセン、アレハ何デスカ)

Moshi motto daijobu atama naka, itai arimas(モシモット大丈夫 頭 中、痛イアリマス)

(『ワーグマン素描コレクション 上』一八頁)

この一節には他に、haikin(拝見)、yoroshi(よろし)、bonkotz(ポンコツ)、serampan(サランパン)、piggy(ペケ)、sinjo(進上)など横浜ことばと共通する語彙が見いだせる。

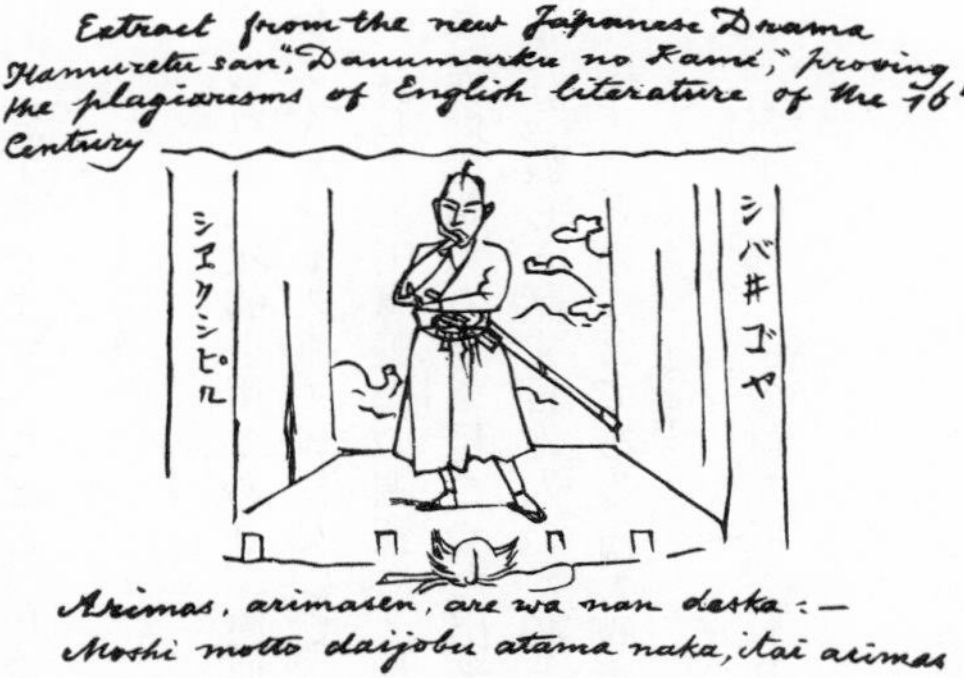
Extract from the new Japanese Drama
Hamuretu san, "Danumarku no Kami," proving
the plagiarisms of English literature of the 16th
Century
シバ井ゴヤ
シエクシピル
Arimas, arimasen, are wa nan deska:—
Moshi motto daijobu atama naka, itai arimas

「ハムレツさん」(部分,『ワーグマン素描コレクション上』18頁より)

これはもちろんパロディであり、深刻な「ハムレット」の一節を珍妙なピジンで書き表したところにおかし味がある。このように、西洋人の目から見て、横浜ことばは一種奇妙でユーモラスな言語のなり損ないとして好奇とエキゾチシズムの視線で捉えられていた。

次の例は、森銑三『明治東京逸聞史』に収められた一八八一(明治一四)年の記事である。

外国人の日本語〈同上(＝呉国情史(著)『新橋芸妓評判記』)〉

「新橋芸妓評判記」には、「外国人」も仲間入りして、「この児たいさん別嬪《べっぴん》あります。踊、三味線、皆々よろしい。わたし、いつでも弗《ドル》進上ありますⅠ」などと、片言の日本語をしゃべっている。

（『明治東京逸聞史1』八九頁）

これは二次的引用であり、原典『新橋芸妓評判記』は未見である。記録文献ではあるが、ステレオタイプが潜入している可能性は多分にある。

なお、依田恵美氏の調査によれば、明治時代初め頃に横浜で発行されていた『官許横浜毎日新聞』の巷で起こった出来事を小話風に報じる記事に、西洋人や黒人、中国人、また、彼らと話す日本人の台詞としてたびたび「あります」語法を含んだ横浜ことばが登場するとのことである(個人的談話)。

おまへ那《ア》の子の財布取る有りましたろう早々返すよろしい

（『官許横浜毎日新聞』、明治八年五月二四日）

フィクションの中の横浜ことばと中国人

横浜ことばは大いに当時の日本人の好奇心をかき立て、横浜ならではのエキゾチシズムの表現としてフィクションにも大いに利用された。早いものでは、一八七二(明治五)

年の仮名垣魯文『牛店雑談安愚楽《あぐら》鍋』に次のような一節がある。

（異人）あなた異人《ゐじん》ペケありますかわたくしあなたたいさんよろしいト。チヨイと私の手をにぎツたので私《わちき》もぽつとしてしまツてサ　（「茶店女《ちやみせむすめ》の隠食《かくしぐひ》」三編巻之下）

同じ作者の『西洋道中膝栗毛』（一八七〇（明治三）―七六（明治九）年に公刊）にも次のような例がある（原文に句読点を補ってある）。

○俗間横浜語《ぞくかんよこはまことば》と号《とな》へ、「あなた」「おはやう」「わたくし」「たいさん」「よろしい」「まはろ〱」などいへる。こは洋人《ようじん》と贈答《ざうとう》の階梯《かいてい》にして、内外必用《ないぐわいひつよう》の語なれば、本文中専《ほんもんちうもつぱら》に用ひたり。甘口《あまくち》なること、推《おし》て知るべし。（凡例附言、七一頁）

モテ「あなた、喰事《ちやぶ〱》ありませんか。弥「わたくし、空腹《くうふく》あります。モテ「此店《こゝ》、甚《まこと》廉価《やすい》。弥「よろしい〱。（中略）弥「モシ、あなた、どろんけんありますか。わたくし、どろんけん〱。モテ「わたくし、どりんけん、たいさん、あります。　（六五頁）

河竹黙阿弥の歌舞伎作品「月宴升毬栗《つきのゑんますのいがぐり》」（一八七二（明治五）年一〇月初演）も紹介してお

「港崎横浜一覧　異国ことば」(芳盛，1860年12月，神奈川県立歴史博物館蔵)

こう。「唐人」のことばとして、「あなた目ない、馬鹿々々々。」「此跡よろしい家《うち》あります、大《たい》さん美しい娘さんあります。皆々それ見るあります。」「あなた踊りをどるよろしい。」「私利口、あなた馬鹿々々。」「あなた踊るよろしい、私大さん見たい。」等の台詞が書かれている。

さて、ここで登場した中国人と横浜ことばとの関係について述べておこう(田中二〇〇九、横浜開港資料館ほか編二〇一〇参照)。横浜居留地は本来、日本と通商条約を結んだ西洋諸国人のみが居住を許されていた。しかし、こうした西洋人は自分が使役するための中国人を、開港当初から居留地に連れてきて住まわせること

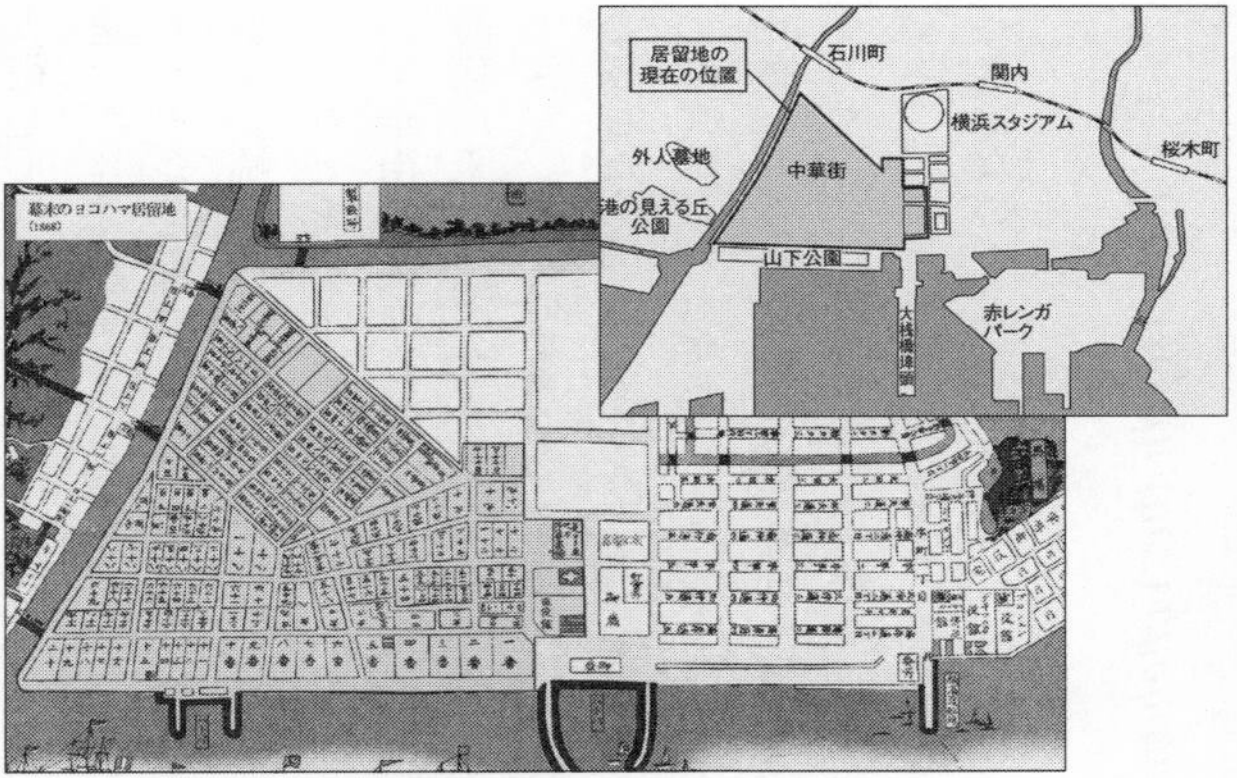

幕末(1868 年)の横浜居留地(『ワーグマン素描コレクション 上・下』見返しより)

があった。初め、こうした中国人は単純な肉体労働に従事するものが大半であったが、商才にたけ、また同じアジア人ということで日本人にもなじみやすいという点から、居留地内でさまざまな商業活動を営むものも増えてきた。例えば一八六四(文久四・元治元)年、外国奉行は横浜に在留し商業に従事する条約未締結国の清国人らの処置を幕府に建議している。また一八六七(慶応三)年には、神奈川奉行の下に清国人管理のため「在留清国人民籍牌規則」が制定された。張熙堂・陳玉池といった中国人は、奉行所と交渉のため、横浜居留地に清国人集会所(中華会議所)を設立している(『近代日中関係史年表』)。中国人は集住する傾向が強いため、横浜、さらには長崎、神戸にも中国人街を形成した。彼らは当時日本人から、支那人、清国人と呼ばれる一方で、出身地をとって南京人(あるいは南京さん)と呼ばれることも多かった(実際は南京よりは広東省出身のものが多数を占めていたが。内田一九四九参照)。こうした中国人の集住地域が、今日も横浜・長崎・神戸の中華街(神戸では「南京町」と呼ばれている)としてレストラン街や土産物店などを擁して観光地化していることはよく知られているところである。中でも横浜の中華街(現在横浜市中区)は日本最大の規模を誇り(東西南北約五〇〇メートル四方)、明治時代以来の華僑の子孫が暮らすだけでなく、今日も中国からの移住者を受け入れている。

さて、後に示すさまざまな資料を見る限り、横浜ことばは西洋人・日本人のみならず、こうした中国人(「支那人」「南京人」)もその使い手であったと推測できる。しかし、「山男の四月」に現れているような「〜ある」という言い方(「ある」語法)と、横浜ことばで圧倒的に特徴的な「〜あります」という言い方(「あります」語法)とはずいぶん違っている。一方で、「〜よろしい」で依頼・命令・許可を表す言い方(「よろしい」語法)は共通している。『一生一話』ではフランス人将校が「〜ある」と言っていたが、中国人との結びつきはない。

ここで、横浜ことばの資料の中でも最も重要と思われる書籍を紹介しよう。*Exercises in the Yokohama Dialect*(横浜ダイアレクト演習)である(田中一九八一、藤田一九八一、カイザー一九九八、同二〇〇五、小玉一九九九、亀井二〇〇四、杉本二〇一〇参照)。この本は初版(一八七三年か)、再版(一八七四年)、改訂増補版(一八七九年)があったとされるが、初版は『ジャパン・ウィークリー・メイル』一八七三年一一月二二日号に書評が掲載された以外には手がかりが乏しく、未だ現存が確認されていない。再版と改訂増補版は横浜開港資料館に一冊ずつ所蔵されている(小玉敏子氏「*Exercises in the Yokohama Dialect* 再考」による)。また小玉氏によれば、改訂増補版については複数回復刻された模様であるが、何回復刻されたか、またどれが何刷目か明らかではないとのことである(私が確認した範囲で、シュテファン・カイザー氏編集の複製本と横浜開港資料館蔵本では明らかに刷が異なる)。この本は、英語圏の読者が横浜ダイアレクト(Yokohama Dialect)すなわち横浜ことばを独習できるように編集された書物で、改訂増補版に従うと五課の英文対訳の例文提示と、英文和訳、和文英訳の練習問題が付されている。さらに、改訂増補版のみにNankinized-Nippon(南京訛り日本語)という付録の一章が付けられており、ここに「ある」語法と中国人を結びつけたと見られる、最も古い記述があるのである。

現存する再版には作者名がないが、『ジャパン・ガゼット』一九七九年一一月一日付けの記事によれば、作者はホフマン・アトキンソン(Hoffman Atkinson)という人物である。おそらく初版もそのように推定できる。一方、改訂増補版にはBishop of Homoco（ホモコ＝本牧司教）によって改訂されたとある。このホモコ司教は本名コープ（F. A. Cope）という人物であったことが分かっている（小玉氏上掲論文）。よって、Nankinized-Nipponの作者もホモコ司教とF・A・コープだったということになる。

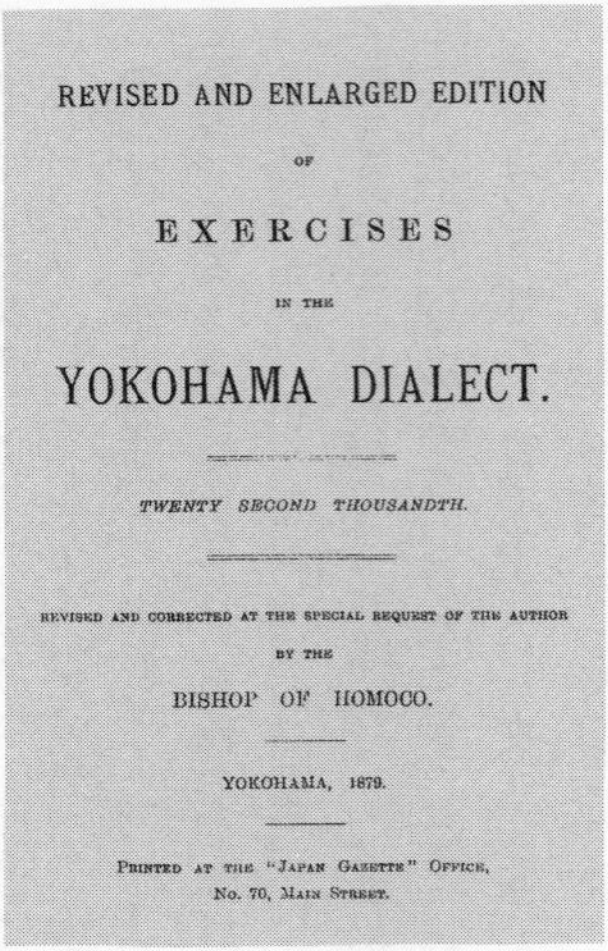
REVISED AND ENLARGED EDITION

OF

EXERCISES

IN THE

YOKOHAMA DIALECT.

TWENTY SECOND THOUSANDTH.

REVISED AND CORRECTED AT THE SPECIAL REQUEST OF THE AUTHOR

BY THE

BISHOP OF HOMOCO.

YOKOHAMA, 1879.

PRINTED AT THE "JAPAN GAZETTE" OFFICE,
No. 70, MAIN STREET.

Exercises in the Yokohama Dialect 内扉

さて、*Exercises in the Yokohama Dialect* の本文はどのようなものかというと、作者が「オルレンドルフ式(Ollendorf system)」と呼ぶ、英語と著者の言う横浜ダイアレクト＝横浜ことばの対訳式になっていて、いかにも外国語の会話の入門書という体裁である（オルレンドルフ式は実在する語学書の形式だが、正確にはOllendorffと綴る）。特徴的なのは横浜ダイアレクトの表記法であり、できるだけ英語話者にとってなじみ深い英単語を組み合わせてそれらしく発音できるようにしているところである。改訂増補版からの例で示す。

- Is he ill?(彼は具合が悪いのですか?)
Am buy worry arimas?(アンバイ　悪イ　アリマス?)　(二〇頁)
- What time is it?(何時ですか?)
Nanny tokey arimas?(何時《ナニトキ》　アリマス?)
- It is nine(九時です)
Cocoanuts arimas(ココノツ　アリマス)　(二一頁)
- No, you had better send it up to the Grand Hotel
(いいえ、グランドホテルに送った方がいいですよ)
Knee jew ban Hotel maro maro your-a-shee
(二十番ホテル　マロマロ　ヨロシイ)　(二九頁)

これらの表記を見ながら横浜ことばを発音している欧米人たちを想像すると、なんともユーモラスなものを感じる。この表記法は実用的とも言えるが、やはり本質はジョーク本なのであろう。

ここで注目したいのは、本書の横浜ダイアレクトの文末表現や語彙である。基本は「〜あります」であり、これまでに見てきた横浜ことばの実例や創作と共通している。

また、命令、依頼、勧めなど相手の行為を促す表現では、「〜よろしい(your-a-shee)」が用いられている(「よろしい」語法)。その他「マロマロ」など特徴的な語彙がいくつかあるが、これについては後ほどまとめることとする。

さて、先にも触れたように、改訂増補版から Nankinized-Nippon という一節が本書に加わり、そこに「ある」語法が登場した。この節について概観しておく。

Nankinized-Nippon

Nankinized-Nippon(南京訛り日本語)と題された三頁の小さな一節は、既に述べたように、改訂増補版から付け加えられたもので、Bishop of Homoco(ホモコ司教)ことF・A・コープの筆になるものである。この節を付け加えた経緯は、改訂増補版のための序文に述べられており、Ng Choy の要望によって付け加えられたものであるとしている。その要望の背景に、当時の横浜で生じた係争が関係しているらしいことがほのめかされているのだが、筆者には今のところその詳細を明らかにすることができない。注釈抜きで拙訳を示しておこう。

この版の末尾にある Nankinized-Nippon 語句集は、私の旧友で書院の同級生である香港のNg Choy氏からの特別な要請によって編纂されたものである。Ng Choy氏がその植民地で律政司に任命されたことは皆が納得するところであった(*London and China Express*を参照のこと)。この要請がおこなわれたのは、Churchwood Estates(チャーチウッド農園?)を改善する目的で大日本帝国政府が起こした訴訟において横浜裁判所が下した判決に対して上訴を勧めるかどうかについて政府からNg Choy氏が意見を求められた際のことである。弁護人意見書を提出する際、Ng Choy氏は次の二つの語の特別な意味について幾分か齟齬があった。

分カルナイ(WAK-KALLOONAI)

と　分カリマセン(WAK-KALI-MASSING)(後略)

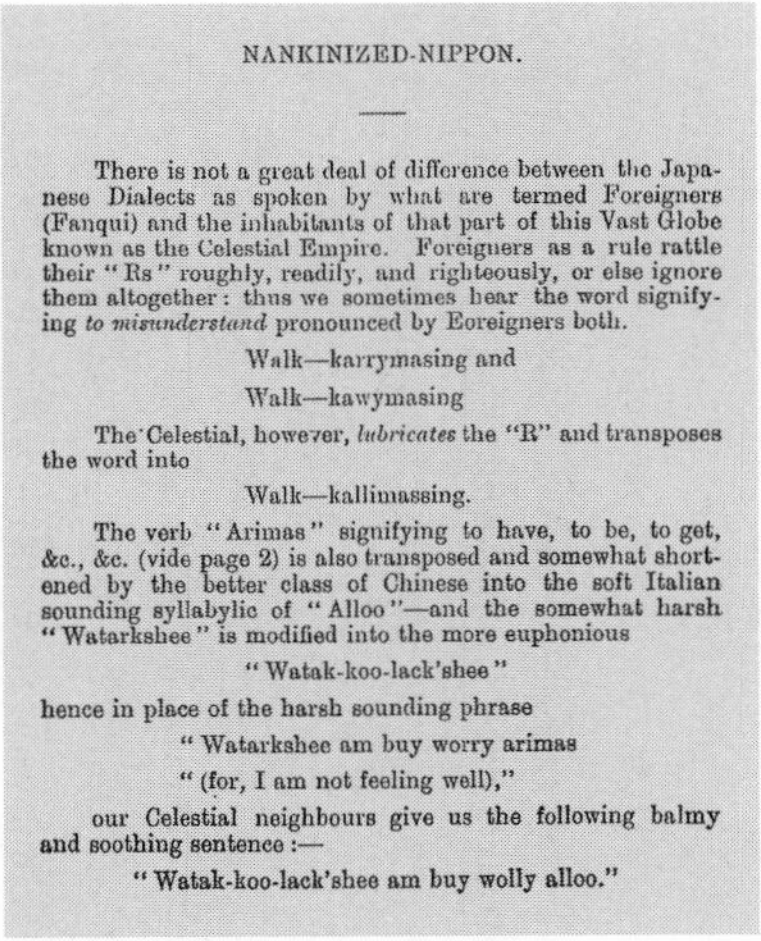

NANKINIZED-NIPPON.

—

There is not a great deal of difference between the Japanese Dialects as spoken by what are termed Foreigners (Fanqui) and the inhabitants of that part of this Vast Globe known as the Celestial Empire. Foreigners as a rule rattle their "Rs" roughly, readily, and righteously, or else ignore them altogether: thus we sometimes hear the word signifying *to misunderstand* pronounced by Eoreigners both.

Walk—karrymasing and

Walk—kawymasing

The Celestial, however, *lubricates* the "R" and transposes the word into

Walk—kallimassing.

The verb "Arimas" signifying to have, to be, to get, &c., &c. (vide page 2) is also transposed and somewhat shortened by the better class of Chinese into the soft Italian sounding syllabylic of "Alloo"—and the somewhat harsh "Watarkshee" is modified into the more euphonious

"Watak-koo-lack'shee"

hence in place of the harsh sounding phrase

"Watarkshee am buy worry arimas

"(for, I am not feeling well),"

our Celestial neighbours give us the following balmy and soothing sentence:—

"Watak-koo-lack'shee am buy wolly alloo."

Nankinized-Nippon

『岩波　世界人名大辞典』(二〇一三)および孔(二〇一一)によれば、Ng Choy(伍才)は伍廷芳(Wu Ting-fang)の香港時代の別名である。シンガポール生まれで、イギリス籍を取得したが、原籍は広東省新会県。清末民初の法律家、政治家、外交官であった。三歳の時に家族とともに帰国した。香港の聖保羅書院(セント・ポールズ・カレッジ)に学び、一八六一年同校を卒業した。卒業後、香港で法廷の通訳となり、一八七四年、法律を学ぶためにロンドンに渡り、弁護士の免許を得た。一八七七年に帰国した後、香港で中国人として初めて弁護士を開業し、一八八〇年、立法局の議員に任命された(右の序文の引用では(一九七九年の段階で)伍氏が律政司に任命されたとあるが、そのような事実はないようである)。

先の序文にある *London and China Express* と Churchwood Estates の実体や関連が不明なので、序文の内容は十分理解できないのであるが(当時の横浜居留地の住人にとっては周知のことだったのかもしれない)、そのことが本当に香港在住の Ng Choy 氏と関連があるのかどうかは不詳である(むしろこじつけめいた印象を与える)。

さて、Nankinized-Nippon の本文には何が書いてあるのか。かいつまんで紹介しよう。

1 「外国人」が話す方言(=横浜ダイアレクト)と中国人(天朝の住人)が話す方言(=Nankinized-Nippon)との間にはそれほど大きな違いはない。

2 (しかし)外国人がrの音を発音するか、あるいはrを無視するところを、中国人は、rの音を滑らかにしてそれをlに変換する。

例…外国人　Walk-karrymasing および Walk-kawymasing

(分かうぃ[wi]ません)

(分かり[ri]ません)

中国人　Walk-kallimassing(分かり[li]ません)

3 動詞「あります(Arimas)」は中国人は「ある(Alloo)」と言う。外国人が荒っぽく「わたくし(Wattarkshee)」と言うところを中国人は口調よく「わたくらくし(Watak-koo-lack'shee)」と言う。

例…外国人　私　塩梅悪いあります(Watarkshee am buy worry arimas)

(私は気分が悪い I am not feeling well)

中国人　わたくらくし　塩梅悪いある(Watak-koo-lack'shee am buy wolly alloo)

4 数字の数え方は外国人と中国人でほぼ同様だが、次により詳しい対照を掲げる(数字の一覧は省略)。

英語　…Twice two are four(2かける2は4)

外国人…二つ二つ四つあります(Stats stats yotes narimas)(narimas は arimas の誤りか)

中国人…二つ二つ四つある(Fu'tarchi fu'tarchi yohtchi alloo)

英語　…I should like to borrow 500 Yen from you if you have them(五〇〇円お

持ちならお借りしたい)

外国人…五〇〇両拝借(Go-hakku rio high shacko)

中国人…あなた五〇〇両あるならば、わたくらくし拝借できるあるか(Anatta go-hakku lio aloo nallaba watark-koo lack'shee high shacko dekkeloo alooka)

5 「分からない(Wok-kallonai)」と「分かりません(Wok-kallimassing)の違いは、本当は区別のない単なる(外形の)相違なのだが、同時にこれらの語が使われる時の実際の意味は、非常に語学に堪能な人であっても間違えやすいことがある。

分からない(Wok-kallonai)

分からない/分かるつもりはない/分かりっこない/分からなかった/分かるつもりもないし、あなたがどう言おうと分からない

分かりません(Wak-kallimassing)

分からないと言うことが私の目的にかなっている/あなたが求める情報を提供することが私にはできるが、私が理解できないとあなたが考える方が私には好都合だ/それは単にメキシコ=ドルの問題であり、私の労力に見合うものをあなたが出すならば、私は即座に理解するだろう

これらの説明によると、筆者コープは、「外国人」がrを使う所で中国人はlを用い

ることと、「外国人」に比してより丁寧に滑らかにものを言う印象を持っていることと、「分からない」と「分かりません」を使い分けるとしている点を強調している。最後の点は、事実かどうかはともかく、中国人の言う「分かりません」には語義以上の裏の意味があるということを説明しようとしているように読み取れる。

これらの説明の本筋とは異なる点で、我々が注目したいのは、「外国人」が「あります」(「あります」語法)と言うところで中国人が「ある」を使う(「ある」語法)、という点である。これは中国人の発話と、文末の「ある」の組み合わせに言及した、史上最初の文献である。このような語法が横浜在住の中国人のあいだで行われているという認識をNankinized-Nipponの著者は持っている、ということがこの記述から窺い知れるのである。

明治中期〜昭和初期の創作的作品

この時期になると、開港場・居留地の実態を離れて、外国人の表現として、すなわち役割語の表現としてのピジン日本語の使用が明瞭になってくる。まず、一八八七(明治二〇)年刊、須藤南翠の『新粧之佳人』から、アフリカ人の例である。

阿非利加《アフリカ》人《じん》のダインスなりけり（中略）「旦那私し《わたく》貴郎《あなた》叱りますない私し話し致します旦那叱るありますか私し泉さん助けて貰ひました（中略）お嬢さま願ひます私し悪い事するない御《お》詫《わび》私し願ひます旦那何《どう》ぞ私し悪いない一日でも半日でも一遍私しお邸《やしき》帰るあります……

（『新粧之佳人』第五回（末尾））

同作品では、中国人「陳」の台詞にも同様の表現が使用されている。

「私し《わたく》分《わか》るない貴下《あなた》何処《どこ》へ遣《や》る返事です郵便電信伝話機幾干《いくら》も有ります。

（『新粧之佳人』第七回）

「有ります〳〵大層宜《よろ》しいモウ此外有《このほかあり》ません。

（同右）

次は一九〇一（明治三四）年刊、中村春雨（吉蔵）『無花果《いちじゅく》』から日本人牧師と結婚して日本に来る米国女性の発話の例である。

「私、良君《あなた》が、日本へ行つたら日本語ばかり使ふよろしいと仰やりましたから、それで可成《なるべく》左様《さう》してゐますが、外の日本人、解るまいか思ひましてね……」

（三六三頁）

「私一人で遣るあります」　（三六四頁）

「半七捕物帳」シリーズで知られた岡本綺堂の小説からも、横浜ことばがいくつか見いだせる。

「それ、フォト……。おお、シャシンあります」と、ヘンリーは答えた。（中略）

「ハリソンさん、シャシン上手ありました。日本人、習いに来ました」

「その日本人はなんといいますか」と、半七は訊いた。

「シマダさん……。長崎の人あります」

（「蟹のお角」（半七捕物帳）『講談倶楽部』一九二〇（大正九）年一月号）

供のシナ人は堀部君の店に長く奉公して、気心のよく知れている正直な青年であった。彼は李多《リートー》というのが本名であるが、堀部君の店では日本式に李太郎と呼びならわしていた。

「劉家《リユーツエー》、遠いあります。」と、李太郎も白い息をふきながら答えた。「しかし、ここらに客桟《コーチエン》ありません。」

「宿屋は勿論あるまいよ。だが、どこかの家で泊めてくれるだろう。どんな穢《きたな》い家でも今夜は我慢するよ。この先の村へはいったら訊いて見てくれ。」

「よろしい、判りました。」（「雪女」『子供役者の死』隆文館、一九二一年〔大正一〇〕年）

ロイドは片言《かたこと》で云った。

「日本の人、嘘云うあります、わたくし堪忍しません」

「なにが嘘だ。さっきからあれほど云って聞かせるのが判らねえのか」

「判りません、判りません。あなたの云うことみな嘘です」と、ロイドは激昂したように云った。

「あの品、わたくし大切です。すぐ返してください」

（「異人の首」（半七捕物帳）『週刊朝日』一九二一〔大正一〇〕年一〇月号）


金水（二〇〇三）でも取り上げた、宝塚少女歌劇「邯鄲」もこの時期の作品である。渡辺（一九九九）によれば、同作品は久松一聲作、原田潤作・編曲で、一九二一（大正一〇）年に宝塚で初演、翌一九二二年には東京公演されている。

【一】プロローグ「此歌劇昔し〳〵大昔し、お話しあります。所、支那、邯鄲《かんたん》、名芦《めいろ》生《しやう》、青年あります、此人出世したいあります、虚栄心あります、百姓嫌ひあります（中略）「青年芦生たゝ出世したいあります、腰の鎌の手の鋤もう厭あります、其所に仙人あります、薬の酒、貴方《あなた》飲む宜し、枕貸します、おやすみなさい、芦生さん

酒酔ふ事太《たい》さん有ります、ついうと〳〵　　（「邯鄲」六七頁）

また、東京日日新聞社会部編『戊辰物語』（一九二八（昭和三）年）には「金子子爵談」として、

口の悪い英国公使パークスが「こんな粗末な紙ではすぐ破けてしまう」と由利にいった。（中略）公使はウンとうなって、札を力まかせに引き裂こうとしたが破れず、「これ駄目あります」と投げた。　　（一七〇頁）

という一節がある。井筒月翁『維新俠艶録』（一九二八（昭和三）年）には、次のような一節がある。


「あれ、誰ありますか」

「家老です」

「をかしい服ありますね」

「あれは日本の礼服です」

サトーと伊藤とはこんな会話をした。　　（七九頁）

ここでサトーとは、幕末〜明治期の駐日イギリス外交官アーネスト・サトー(Sir Ernest Mason Satow)のことである。優れた日本語会話練習書『会話篇』(一八七三〔明治六〕年)の編者であるサトーにピジン日本語を話させるという点で、作者の不見識の上に成立した、いかにもステレオタイプな表現であると言える。

以上見たように、この時期の資料は、横浜ことばを受け継ぐものであるが、横浜ことばに特徴的であった語彙はあまり見られなくなってきており、外国人の表現としてステレオタイプ化していることが分かる。明治初期に引き続いて、「あります」語法が多数を占め、また中国人だけでなく、それ以上に西洋人の描写に用いられる点も注意される。

語彙から見た横浜ことば

横浜ことばには非常に特徴的な語彙が用いられる。*Exercises in the Yokohama Dialect* 改訂増補版(以下、YD)を中心に、代表的なものを辞書風に列挙してみよう(特に注記のないアルファベット綴りはYDから取ったものである。またJPは *The Japan Punch* を表す)。語義とともに、その語源となった語の出自の言語もカッコに入れて示しておく(伊川二〇〇五も参照)。

あなた anatta（日本語から）二人称は多く「あなた」一つですまされる。ただしＹＤでは「おまえ(Oh my)」が多く用いられている。

あります arimas（日本語から）「ある」「いる」「持っている」「始まる」「持ってきた」等の多くの意味を表す。また、動詞・形容詞の後ろに直接接続し、文末・言い切りの機能を果たす。打ち消し「ありません」もよく使われる。まれに「ありました」も用いられる（「あります」語法）。

おはよう ohio（日本語から）「おはよう」「こんにちは」「こんばんは」等の出会いの挨拶は、「おはよう」一つですまされる。

さらんぱん serampan（マレー語からと言われる）ものが壊れて使い物にならなくなること。

じきじき【直々】 jiggy-jig（日本語から）すぐに。ただちに。

しくしく sick-sick（英語から）病気。また、病気になること。ＹＤでは「塩梅悪い(am buy worry)」も用いられる。

しゃぼん shabone（ポルトガル語から）石けん。

しんじょう【進上】 sinjoe［ＹＤ］、sinjo［ＪＰ］（日本語から）あげる。差し上げる。また、「ください」の意味にも用いられる。日本の候文から取り入れられた語彙であろう。

たいさん（日本語から）「たくさん」が変化したものか。ＹＤでは「たくさん(tack sun)」

が用いられる。

だいじょうぶ【大丈夫】die job（日本語から）問題ないこと、健康であることなど。

ちゃぶ（または「ちゃぶちゃぶ」）（中国語からと言われる）食事。また食事をすること。「ちゃぶ屋」で食堂を表す。現代語の「ちゃぶ台」はここから来ている。

ちゃんぽん champone（日本語・オノマトペからか）混ぜこぜにすること。またそのようなもの。中華そばの一種「ちゃんぽん」の語源となっている。

てんぽう【天保】tempo（日本語から）お金。「天保銭」から来ている。

どる dollar（英語から）お金。特に外貨。ドル。

どろんけん（オランダ語から）酔っぱらい。また酔っぱらうこと。江戸時代から使われている。

はいけん【拝見】high kin［YD］、**haikin**［JP］（日本語から）見ること。「見せてください」の意味にも用いる。

べいびーさん baby san（英語から）赤ん坊。

ぺケ piggy（マレー語または中国語から?）不適切であること、存在しないこと、不可であることなど。現代語の「ぺケ」の語源。

ぼーい boy（英語から）使用人。

ぼんこつ pumguts［YD］、**bonkotz**［JP］（日本語から?）拳骨。また拳骨で殴ること。殴った結果、対象物がダメージをうけることも表す。拳骨を西洋人が聞き誤った、あるいは拳骨と punishment の混成語などの語源説がある(『日本国語大辞典』他より)。現代語「ぽんこつ」とは別語。

ぽんぽん pompom(オノマトペから)金槌。また金槌でたたくこと。

まー【馬】mar(日本語から)「うま」が短縮された語形。

まろまろ maro maro(日本語から)「回ろ回ろ」または「参ろ参ろ」から来ていると言われる。行く、来る、届ける、届く等、移動一般に用いられる。

よろしい your-a-shee[YD]、**yoroshi**[JP](日本語から)「よろしい」の意味であるが、さらに動詞終止形の後ろにつけると「〜しなさい」「〜してください」等、命令・依頼の意味になる(「よろしい」語法)。

語彙の多くは日本語起源であるが、英語起源はもちろん、中国語、マレー語などから来ていると言われる語彙もあることが分かる。多くの語は、動詞、名詞など複数の機能を負わされ、また動作の主体や出来事の時制なども曖昧に用いられることがほとんどである。これらの語彙のうち、「進上」には注目しておきたい。日清戦争、日露戦争から日中戦争の時代に、はるか大陸でも用いられた語であるからである。このことについては、第四章と終章で取り上げる。

この章のまとめ

横浜開港以降、通商上の必要から生じた横浜ことばは、記録文献のみならず、創作物にも大いに利用された。しかし「山男の四月」に見られるような〈アルヨことば〉とは異なり、文末表現は「～あります」(「あります」語法)が中心となっていた。これはむしろ後の西洋人訛りの日本語のステレオタイプ(「わたし、とってもうれしいありまーす」等)につながっていくものであろう(依田恵美二〇一一参照)。次章では、「山男の四月」以降の〈アルヨことば〉の展開について検証していく。ことばの旅の舞台は、一九三〇年代の岡山へと移動する。

第三章　〈アルヨことば〉の完成

横浜ことばから宮沢賢治へ

日本の開国とともに発生した横浜ことばは、「～よろしい」で命令・依頼を表すなど後の〈アルヨことば〉と似てはいるが、基本的な文末表現が「～あります」である点で異なっている。また横浜ことばは西洋人、中国人、日本人の通商のためのリンガフランカであり、特に中国人と結びつけられるものではなかった。しかし後の〈アルヨことば〉の萌芽というべきものが *Exercises in the Yokohama Dialect* 改訂増補版(一八七九(明治一二)年)の Nankinized-Nippon に見られた。ここでは、r と l の発音や丁寧表現のほか、「～ある」という文末表現が南京人＝中国人と結びつけて捉えられていたのである(第二章)。

時代が下って、一九二一(大正一〇)年に成立した宮沢賢治の「山男の四月」では、後々の〈アルヨことば〉がほぼ完成されていたのみならず、手品(魔術)師、行商人、汚い、怪しい、ずるい、すぐ泣くなど、マイナス・イメージを伴う「支那人」がその言葉遣いと結びつけられていた。

〈アルヨことば〉は宮沢賢治の創作かというと、そうは言えないだろう。Nankinized-

Nippon に見るように、似た現象は当時の日本在住の中国人社会にあり得たはずである。資料をさらに探せば、宮沢賢治以前の〈アルヨことば〉が見つかる可能性はないとは言えない。一方で夢野久作「クチマネ」(一九二三(大正一二)年)では〈アルヨことば〉が取り入れられていないことを見ると、当時〈アルヨことば〉は一般的な中国人の役割語として浸透してはいなかったとも言える。同時代の宮沢賢治は決して影響力の強い作家とは言えないが、宮沢賢治の示した中国人の描写の手法は、後の日本でたいそう一般的なステレオタイプとして普及していく。それは単に語法の問題ではなく、〈アルヨことば〉を使う中国人の属性に共通点が多く見いだせるという意味で、そうなのである。

以下、その実例として坪田譲治の小説「善太の四季」(一九三四年)、萩原朔太郎「日清戦争異聞(原田重吉の夢)」(一九三五年)、田河水泡のマンガ『のらくろ総攻撃』(一九三七年)、『のらくろ決死隊長』(一九三八年)、『のらくろ武勇談』(同年)、時雨音羽作詞の流行歌「チンライぶし」(一九三八年)、海野十三作のSF小説「人造人間エフ氏」(一九三九(昭和一四)年)等を見ていくが、ことに「のらくろ」シリーズはその用例の量において他に抜きん出ているのみならず、大衆文化、とりわけ子供の世代への影響力の強さにおいて注目される。

これら用例の検討に入る前に、開国以降、「山男の四月」の時代に入るまでの日本人の中国・中国人観に影響を与えた歴史的状況について簡単にふり返っておこう。日本人は、その間、直接間接に三つの戦争を経験した。日清戦争(一八九四(明治二七)年)、日露戦争(一九〇四(明治三七)—〇五(明治三八)年)、第一次世界大戦(一九一四(大正三)—一八(大正七)年)である。ことに日清戦争は、朝鮮半島への支配権を巡って当時の大清国と戦った戦争であるが、この戦争をきっかけに、日本にとって尊敬と畏怖の対象であった中国は、文明開化に乗り遅れた旧弊で頑迷なくせにプライドだけは高い国として日本人の目に映るようになった。その後の日露戦争で奇跡的な勝利を得、また第一次世界大戦では戦わずして戦勝国入りして国際連盟の一員となり、日本はロシアや西洋列強に伍してアジアの権益を争う立場となったのである。

この間、日本では中国人労働者が増加して日本人労働者に脅威を与えたり、人身売買が問題になったり、また行商人の売る六神丸に怪しい噂が立ったりもした。そのようなイメージの変化の延長上に、「山男の四月」(一九二一年成立)や「クチマネ」(一九二三年)に描かれた中国人像があったのである。ただし、日清戦争以後、日本人の中国観・中国人観が一八〇度転換したというのは誤りで、古典的な儒教世界としての中国への畏敬は失われることがなく、現代の中国と古代の中国の間でイメージの二極化が起こったという(並木二〇〇八、松本二〇一一、金山二〇一四)。「山男の四月」の二人の「支那人」はまさしくそういう二極化が具現化された像であると見ることができよう。

坪田譲治「善太の四季」

「善太の四季」は、岡山に住む一〇歳の善太と五歳の三平の兄弟の物語である。「善太の四季」は一九三四(昭和九)年に雑誌『文學界』に発表された。中国人の手品師が登場するのは、その第二章である。梗概は次の通りである。

善太の住む村に、シナ手品師の一行がやって来た。大人二人子供一人で、大人は黒い中国服、子供は赤筋の入った服に金モールの帽子という出で立ち。善太と二人の友だちはすっかりシナ手品に魅了され、一行について歩くどころか、赤帽子をかぶり、チャルメラや銅鑼や中鐃鈸《にょうばち》まで貸して貰って、中国人の先に立って、ドン、ジャラン――と音楽隊をやって歩く始末。中国人のおかしなことばの口まねをしてふざけちらして歩いていたが、手品師は、「シナ手品師は児《こと》捕りで、日本の子供を捕って売り飛ばす」と言いだし、子供たちを不安にさせた。二人の友だちは、小便をするふりをして手品師から離れ、善太にも早く逃げるように呼んでいるが、善太は時機を失って狼狽する。とうとう善太は道の石につまずいて転び、ビックリするような大声で泣きわめいたが、手品師たちは笑いながら善太を残し、夕靄の中に消えて行った。

では、中国人の話し方の特徴が出ているところを抜き出してみよう。

「兄さん、なかなか上手あるよ」

こういわれると、三人とも大得意で、教練の時のように足を揃えてパッパッと蹴り上げ、手を頭の方まで振り上げたりしていた。

「兄さん、シナ手品おもしろいか、シナ手品こわいあるか。」

道で中国人が聞くのであった。

「おもしろい、大変おもしろいあるよ。」

善太が答えると、中国人同士声をあげて笑っていた。

「兄さん、シナ手品なかなか好きあるなあ。」

こう言われて、三人は先を争うて答えた。

「好き好き、大好きある。」

好きも好き、彼らは昼飯も食べずに、こうして村から半里もあるところをふざけ散らして歩いているのだ。

「習う気あるかあ。」

「習う気ある！」

善太がこう言うと、三人はますます嬉しく、ドンジャランをいっそう高く鳴り響かせた。

「日本の子供大変賢い。手品すぐ上手覚える。金すぐたくさんもうける。中国日本上海《シャンハイ》東京たくさんのところ歩く。おもしろいことたくさんある。みんな大きくなり、お金ドッサリドッサリためて、きれい美しいお嫁さん貰う。大変々々しあわせ。」

●

「けれども、シナ手品師みんな児捕りあるよ。日本の子供捕って、みなみな中国上海送る。中国上海子供買うところある。二十円三十円。いいやいや、五十円百円売れる。おおおお、こわいこわい。日本子供生まれたところ離れる時みんな泣く。お父さん――お母さん――あーんあんあん。」

中国人は片手で眼をかくし、子供の泣き真似をして見せた。

●

「兄さん、シナ手品恐いか、おもしろいか。」

しかし善太はもう返事どころでなく、歯がガツガツいうほど震えあがった。これを見て、中国人はますますニヤニヤしつづけた。

「シナ手品、兄さん、児捕りあるよ。それでも手品習う気あるかあ。」

これらの用例に現れた、中国人の話し方の特徴をまとめてみよう。

●文末に「～ある」を多用する(「ある」語法)。ただし、「ある」の使い方にも次のようなバリエーションがある。一つは、「ある」の本来の意味である存在を表す用法。「習う気ある」「たくさんある」「買うところある」がそれである。次に「だ」「である」に当たるところに用いる「ある」。「上手ある」「好きある」「児捕りある」がそれに当たる。最後に、形容詞の後に付加される「ある」。「こわいある」がそれに当たる。

●助詞の脱落。「シナ手品(は)こわいあるか」「たくさんのところ(を)歩く」「買うところ(が)ある」「五十円百円(で)売れる」「日本(の)子供」他多数。

●指定の助動詞「だ」「である」が省略されることがある。「大変々々しあわせ。」

●文末の助動詞や終助詞などの表現が乏しい。質問文以外は、動詞は基本的に原型。「もうける。」「売れる。」等多数。

●強調のために繰り返しを用いる。「こわいこわい」「ドッサリドッサリ」。

●文末の「か」の母音を伸ばす。「習う気あるかあ。」等。

「ある」語法、助詞の脱落などは第一章で取り上げた「山男の四月」の「支那人」の話し方と同じである。ただし、「山男の四月」では「だ」「である」に当たる「ある」しか無かったが、ここでは形容詞の後ろに「ある」が付加される例もある点が注目される。テーマ的にも、「奇術・魔法」「よそ者」「怪しい・信頼できない」中国人が平安な世界を攪乱するという点で、「山男の四月」や「クチマネ」と共通するものがある。

雑誌『赤い鳥』と坪田譲治「支那手品」

坪田の小説「善太の四季」第二章の前身とも言える作品として、児童雑誌『赤い鳥』第二次復刊六巻五号(一九三三(昭和八)年一一月)に掲載された坪田の童話「支那手品」(のちに「手品師と善太」と改題)がある(劉二〇〇二参照)。この「支那手品」の検討をする前に、『赤い鳥』に数点含まれている、中国人を扱った作品を概観しておこう。

雑誌『赤い鳥』は、本書第一章でも参照したが、児童文学者の鈴木三重吉が主宰をつとめた児童雑誌で、一九一八(大正七)年から、鈴木の亡くなった一九三六(昭和一一)年まで、全一九六冊が刊行された。童話、児童向け読み物、詩、創作童謡、児童の綴り方などの記事が毎回挿絵付きで紹介され、幻想的かつ感傷的な『赤い鳥』調とも言うべき児童文化を築きあげた。特に西條八十作詞、成田為三作曲の「唄を忘れた金絲鳥《かなりや》」(原詩の題名『かなりあ』)は今日まで歌われる名曲であり、また竹久夢二も挿画を提供していることで有名である。

さてその『赤い鳥』に、坪田譲治「支那手品」を含めて中国人をメインに扱った作品が一〇作品以上あり、そのうち六作品では中国人の特徴ある話し方が記録されている。そのほとんどが、大道芸人としての「支那手品」であり、そのうち四点は児童による綴り方である。以下に、坪田の作品を除いたそれらの作品から、中国人の発話の部分を抜き書きしていってみよう。

・蔦繁「支那人」大正一五年一月号(第一六巻第一号)綴り方
神戸市琴緒町四丁目八二(十六歳)

「てちま〳〵」

「みなさ、てちま〳〵」

「蛇こはい首まきつく」

「まいなあ」

「金くれ」

「金くれ、みなさ、たゞ見るわるい、金くれ」

「こどもたくさんゐる。おとなない」

「みなさ、さよなら又《たま》(ルビママ)きばす」

●下村千秋「蛇つかひ」昭和二年八月号（第一九巻第二号）

「まいなッ！」

「これ投げた、これ投げた。」

「おーッ、蛇やる。蛇やる、これなか〳〵むつかし。めつたやらぬ。」

「この蛇、鼻入れる、口出す。むつかし、むつかし。」

「おーッ！　みんな貧乏。よろし、よろし。」

「ハッ　ハッ　ハックション！　鼻の穴細い、蛇太い。」

「あゝ、あの蛇とるに半年かゝりました。」

「蛇の話おしまひ。私四五日のうち支那帰ります。あなた、さよなら。」

●木内高音「支那人の子」昭和三年一二月号（第二一巻第六号）綴り方

「ピイピキピイ、イラチヤイ〳〵。」

「さあ、やりませう。」

「チヤア、ヤリマチヨウ。」

「ピイ、チツチクチ、チツチクチ。」

「テシナ、オモシロイ、ヤリマシヨウ」

「アリガト、」親方は言ひました。「ヤドセンタリナイ、モスコシ〳〵。」

「カネ、モスコシ〳〵。」

「コレ、ナカ〳〵クルシイ。」

「コンヤ、ヤドセン、タリナイ、モスコシ〳〵」

「モ、二十セン〳〵。」

「プル、、、ル、オチマーイ。」

●西村ヒデ「支那手品」昭和六年二月号(第一巻第二号)綴り方
秋田県北秋田郡大館女子小学校高二

「お金を下さい。お金を下さい。」

「僕、支那テツマうんまいなア」

●浅原代志子「支那人の手品」昭和八年九月号(第六巻第三号)綴り方
東京市葛飾区本田尋高小学校尋五

「みなさん、このねずみ、この、お椀に入れることあります。」

「このねずみ、こつちのお椀に入れかへて見せます。よく見てくだしやい。」

「ちよう〳〵ちよう。」

「うまいあります。」

「これ、だいじ。これなくてしやうばいだめ。」

「タカホン、カキナシケンキンコ。」

大正一五年の綴り方を誌上で鈴木三重吉が絶賛したせいか、「支那人」の大道芸人は『赤い鳥』の中で繰り返し童話や綴り方の題材になっている。東京のみならず神戸や秋田にもやってきていることが分かる(坪田讓治作品は舞台が岡山である)。

これらの作品はある程度構成がパターン化していて、「子供ら観客が、手品の珍しさに見入る」「支那人の子供が出て来て、つらい芸をさせられるのを見て、はらはらする」「気持ちの悪い蛇が出て来てげんなりする」「お金をせびられて鼻白む」「終わるとあっさり去って行く」等のモチーフが繰り返し用いられている。芸人たちのことばもかなり共通していて、手品のことを「てじま」「てずま」などといい、喝采を要求するときに「まいな」「うまいな」などといい、また「おちまい」「くだしゃい」などの訛りが取り入れられている。「あります」語法も見られる。しかし、右にあげた例では「ある」語法は見られない。『赤い鳥』で「ある」語法が現れるのは、私の見たところでは、坪田讓治の「支那手品」だけである。

坪田讓治「支那手品」は「善太の四季」第二章の元となった作品で、前半のストーリーは似たところがあるが、「支那人」の子供の数や役柄が違っており、結末も若干異なっている。それに加えて興味深いのが、「支那人」のことばが「善太の四季」と相違する点である。「支那手品」から中国人の台詞を抜き出して示しておく。

●坪田譲治「支那手品」昭和八年一一月号（第六巻第五号）

「あゝ、支那《しな》手品《てづま》面白い。面白い、支那手品やりませ。やりませ。」

「いけない。いけない。」

「危いことしなければ、みんな金出さない。金なければ、おまんま食へない。」

「いけない。いけない。みんな金出さない。金なければ、おまんま食へない。」

「五銭。五銭。」

「あゝ苦しい。あゝ苦しい。子供死ぬる。子供死ぬる。かはいさう。かはいさう。」

「あゝ、ありがとう。ありがとう。」

「あゝ苦しい、あゝ苦しい。」

「あゝ苦しかつた。苦しかつた。銭もうけるつらい〳〵。」

「五銭、五銭。」

「あゝ、やりませ、やりませ。」（日本人の子供）

「兄さん、手品師《てづまし》、面白いかあ。」

「大変面白いある。」（日本人の子供）

「手品師になる気ないかあ。」

「大変なる気あるう。」（日本人の子供）

「これ、なほす、一円。一円あるか。」

「なあにッ、お金ないッ？」

これを見て明らかなように、昭和八年の「支那手品」では「ある」語法が用いられているが、昭和九年の「善太の四季」に比べて使用が控えめで、その分、「支那手品」の方がむしろリアルに見える。同一作者の二作品の間での、中国人の話し方の変化が何を物語るのか、直ちに明らかには言えないが、一つには当時〈アルヨことば〉が中国人の話し方を代表するところまで、十分流布していなかったということは言えるだろう。すなわち、「山男の四月」と「クチマネ」の関係が一九三三(昭和八)―三四(昭和九)年の段階でまだ引き続いていたということである。ではなぜ「善太の四季」では〈アルヨことば〉をくどいほどに使用したのか。その理由を、例えば、宮沢賢治「山男の四月」を坪田譲治が読み、その影響を受けたから、と考えることは可能だろうか。

坪田譲治「支那手品」挿絵
（鈴木淳 画）

「山男の四月」は童話集『注文の多い料理店』(一九二四(大正一三)年刊)に収録され、宮沢賢治はこの本を自費出版したが、ほとんど売れなかったという。宮沢賢治はこの時点でほとんど無名であった。彼は一九三三(昭和八)年に病没し、翌一九三四(昭和九)年、草野心平が『宮沢賢治追悼』を編集・出版した。その影響もあって、文圃堂が『宮沢賢治全集』全三巻を出版することとなった。坪田譲治が「支那手品」「善太の四季」を書く前に文圃堂の全集を見ることとは、時間的関係から言って不可能である。しかし何らかの形で『注文の多い料理店』を見ることができたとすれば、「山男の四月」の支那人の描き方を面白いと思い、影響を受けたかもしれないが、そのことを実証する証拠は今のところない。逆に直接影響がないとすれば、坪田譲治は「支那手品」「善太の四季」の支那手品の台詞を、自力で作り出し、それがたまたま「山男の四月」に似てしまった(それは現実の中国人の話し方がもともと似ている面があったから)ということになる。少なくとも、宮沢賢治からの影響論だけですべてを説明しようとするのは無理があるだろう。

「日清戦争異聞(原田重吉の夢)」

「日清戦争異聞(原田重吉の夢)」は、一九三五(昭和一〇)年に発表された、萩原朔太郎による散文詩である。日清戦争で武功を立て、有名人となった原田重吉という実在の人物を題材にしてはいるが、内容は多分に空想的であり、全体としては厭戦的な雰囲気をもった作品である。上・下二節併せて三〇〇〇字程度の小品である。

永年「原田重吉之勇敢越玄武門之城壁而敗敵軍」1894 年 11 月
（姜徳相 編著『カラー版 錦絵の中の朝鮮と中国』岩波書店，2007 より）

「上」では、まず日清戦争が始まって「「支那も昔は聖賢の教ありつる国」で、孔孟《こうもう》の生れた中華であったが、今は暴逆無道の野蛮国であるから、よろしく膺懲《ようちょう》すべしという歌が流行《はや》った。月琴《げっきん》の師匠の家へ石が投げられた、明笛《みんてき》を吹く青年等は非国民として擲《なぐ》られた。改良剣舞の娘たちは、赤き襷《たすき》に鉢巻《はちまき》をして、「品川乗出す吾妻艦《あずまかん》」と唄《うた》った。そして「恨み重なるチャンチャン坊主《ぼうず》」が、至る所の絵《え》草紙《ぞうし》店に漫画化されて描かれていた。」とし、日本人の中国観急変を述べ、一方で、「支那人」＝清国人は旧態依然の豚尾＝辮髪を背中に長くたらしたまま、「戦争の最中でさえも、阿片の夢のように逍遥《さまよ》っていた。」「殺される支那人たちは、笛のような悲声をあげて、いつも北風の中で泣き叫んでいた。チャンチャン坊主は、無限の哀傷の表象だった。」と描写されている。陸軍工兵一等卒、原田重吉は、軍が平壌《へいじょう》を包囲した時、決死隊勇士の一人に選出され、玄武門に火薬を装置し、爆発の点火をしたのみならず、ただ一人、門を乗り越えて敵の大軍中に跳《と》び降りた。原田重吉は門の閂《かんぬき》を引き抜き、その門を両手に持って振り回し、「支那人」をなぎ倒した。こうして平壌は占領され、原田重吉は金鵄《きんし》勲章をもらった。

「下」では、戦争が終わって故郷に帰ったあとの原田重吉の零落の人生が描かれる。放蕩に身を持ち崩し、壮士芝居の一座に入り、原田重吉自らの役柄を演じた。「だが心ある人々は、重吉のために悲しみ、眉《まゆ》をひそめて嘆息した。金鵄勲章功七級、玄武門の勇士ともあろう者が、壮士役者に身をもち崩《くず》して、この有様は何事だろう。」さらに荒んだ原田重吉は金鵄勲章を取り上げられ、しまいにルンペンにまで身を落とし、浅草公園の隅のベンチで「支那人」と賭博をする夢を見るのであった。

〈アルヨことば〉は、日本軍と清国軍の戦闘シーンに現れる。

　重吉は夢中で怒鳴った、そして門の閂《かんぬき》に双手《もろて》をかけ、総身の力を入れて引きぬいた。門の扉《とびら》は左右に開き、喚声をあげて突撃して来る味方の兵士が、そこの隙間《すきま》から遠く見えた。彼は門を両手に握って、盲目滅法《めくらめっぽう》に振り廻した。そいつが支那人の身体《からだ》に当り、頭や腕をヘシ折るのだった。

　「それ、あなた。すこし、乱暴あるネ。」

と叫びながら、可憫《かわい》そうな支那兵が逃げ腰になったところで、味方の日本兵が洪《こう》水《ずい》のように侵入して来た。

「支那ペケ、それ、逃げろ、逃げろ、よろしい。」

こうして平壌は占領され、原田重吉は金鵄《きんし》勲章《くんしょう》をもらったのである。

本作では、日清戦争前後の、日本人の中国観・中国人観の激変ぶりが、詩人の感性をもって的確に捉えられている。「チャンチャン坊主」を始め、中国人に対する蔑称や差別的な響きのある表現が多く用いられてはいるが、本作が中国人を貶めるために書かれているのではないことはすぐ分かる。むしろ作者は中国人に同情的かつ共感的である。「下」において原田重吉が、「支那人」と賭博する夢を見ることからもそれが知られる。ただしその共感はリアルな中国人に対してというよりは、萩原朔太郎の幻想の中にある「支那人」に対して、というべきであろう。戦闘シーンも、「支那人」の台詞もすべては現実離れしている。「下」の原田重吉の退廃も、あくまで萩原朔太郎の創造であり、現実と同一視すべきではない(樋口覚『日清戦争異聞　萩原朔太郎が描いた戦争』一五六頁によれば、萩原朔太郎研究家の伊藤信吉が「実際の原田重吉はルンペンなぞに落ちることはなく日露戦争に出征し、ずっと長く普通人の生活を続けた。」と書いている由である)。

「チンライぶし」

また、流行歌にも〈アルヨことば〉を用いたものがある。時雨音羽作詞、田村しげる作曲で樋口静雄が歌った「チンライぶし」で、一九三八(昭和一三)年にキングレコードから発売されている。時雨音羽は「君恋し」(一九二八(昭和三)年。戦後、フランク永井のカバーで有名)、「出船の港」(一九二八(昭和三)年)、「浪速小唄」(一九二九(昭和四)年)、「スキー」(一九四二(昭和一七)年)等、今でも歌い継がれる有名な流行歌・愛唱歌の作詞家としてよく知られている。樋口静雄は「男なら」(一九三七(昭和一二)年。林伊佐緒、近衛八郎と吹き込み)、「戦友の唄」(一九三八(昭和一三)年。「同期の桜」の原曲)等のヒット曲で知られるが、今日ふり返られることは少ない。歌詞は以下の通りである。

手品やるアル　皆来るヨロシ
うまくゆこなら　可愛《かわい》がっておくれ
娘なかなか　きれいきれいアルヨ
チンライチンライ　チンライチンライ
チンライライ

刀なんぞは　不要不要《ふよふよ》アルヨ
喧嘩《けんか》よくない　麦まくヨロシ
チャイナなかなか　広い広いアルヨ
チンライチンライ　チンライチンライ
チンライライ

手品うまいアル　よく見るヨロシ
娘きれいアル　見とれるヨロシ
うまくゆこなら　耳輪買っておくれ
チンライチンライ　チンライチンライ
チンライライ

樋口は従軍経験があり、また戦線慰問をしていたが、慰問先ではこの歌ばかり歌わされて閉口したとのことである(『〝二〇世紀にっぽんの歌〟想い出の戦前・戦中歌謡大全集　別冊解説書』より。解説は清水英雄)。曲調は、太鼓など打楽器を多用して、エキゾチックな雰囲気を醸し出している。チンライとは「請来」で、「来てください」という意味の中国語である。また「不要《ふよ》」という中国語風の発音も見える。しかし全体に横溢するのは、リアルな中国や中国人というより、「チャイナ」ということばに象徴される、日本人にとっての仮想的な中国・中国人イメージであろう。中国手品がテーマとなっている点は、「山男の四月」「クチマネ」「善太の四季」と共通する。また、「娘」に対する性的なまなざしが込められている点も重要である。西洋人にとっての「ゲイシャガール」に共通するように、ある地域を文化的に低いと見下すとき、その地域の女性が性的な対象として見いだされることがしばしばである。

海野十三「人造人間エフ氏」

次に紹介するのは、海野十三のSF小説「人造人間エフ氏」である。この作品は、『ラヂオ子供のテキスト』(日本放送協会出版、一九三九(昭和一四)年)が初出となっている。海野十三(一八九七(明治三〇)―一九四九(昭和二四)年)は、「日本SFの祖」と言われた作家で、「浮かぶ飛行島」(一九三八年)、「火星兵団」(一九三九―四〇年)が知られている。このとに「人造人間エフ氏」は悪人に操られるロボットの物語で、戦後の「鉄腕アトム」や「鉄人二十八号」等のロボットアニメに強い影響を与えた。

作品の中で〈アルヨことば〉を用いるのは中国人のコックの張である。張と、船員の会話から引用する。


「ああ、わたし、いうあるよ、いうあるよ。あたし、ボールたしかに海へなげこんだ」

「それみろ。なぜなげこんだのか」

「それは、わたししらない。よそのひとに、ボールなげこむこと、たのまれたあるよ。わたし、お金もらった。そのお金もわたしいらない。あなたにあげる」

（二四二頁）


この小説には、ロシア人のイワノフ博士が登場するが、彼の話し方は「あります」語法中心で、はっきり区別されている。マリ子とイワノフ博士の会話である。


「まあ、人造犬なの。すると機械で組立ててある犬なのね。まるで本物の犬そっくりだわ」

「そのとおり、ありまーす、人造犬がくいつくと、手でも足でも、ち切れます。本当の犬なら、そうはなりません」

（二三二―二三三頁）

この時点で、「ある」語法は中国人、「あります」語法は西洋人という表し分けが、ほぼ完成されていると見ることができる(依田二〇一一参照)。この点は、戦後の今日まで受け継がれているのである。「〜ある」は動詞・助動詞の後ろに付されている。

のらくろ三部作の時代

「のらくろ」シリーズは、少年雑誌『少年倶楽部』の連載、一九三一(昭和六)年の「のらくろ二等卒」から始まって、その後ぐんぐんと少年読者の人気を得、同誌では一九四一(昭和一六)年の「のらくろ探検隊」まで掲載が続いた。その後も、掲載誌を変えながら戦後まで書き継がれ、テレビアニメ化されたこともあった。野良犬黒吉こと「のらくろ」が、猛犬軍に二等卒として入営するところから始まり、数々の失敗を重ねながらも、その悪意のなさゆえに皆に愛され、時には大手柄を立てて出世を重ねていくというのが基本的なストーリーである。本来のらくろは、読者である子供と等身大の、愛すべきキャラクターとして発想されたはずであったが、連載後半になると、世上の好戦的な空気に反応して、ひたすら勇猛果敢な英雄に変質していった。ことに、単行本で言うと、『のらくろ総攻撃』(一九三七(昭和一二)年)、『のらくろ決死隊長』(一九三八(昭和一三)年)、『のらくろ武勇談』(同年)の三冊は、現実の中国・満洲・日本の政治・軍事情勢を巧みに取り入れたストーリーになっている点が注目される。これを仮に「のらくろ三部作」と言っておこう(なお、『のらくろ探検隊』(一九三九(昭和一四)年)も、満洲国の理念を下敷きにしている点で三部作につながる作品と見ることができる)。

この「のらくろ」シリーズで〈アルヨことば〉を用いるキャラクターが二種類見いだされる。一つ目は、一九三二(昭和七)年連載の「のらくろ上等兵」に登場する南洋の「土人」、実は海賊であり、彼らは密輸人相手には〈アルヨことば〉を用いているが、海賊同士では標準語を用いている。ここでの標準語は、海賊同士が彼らの母語で話しているという表現なのだろう。とすれば、これは本来のピジンのあり方に近い。すなわち、ピジンは通商のための臨時的な言語であり、海賊たちにとっての母語ではない、という扱いである(ちなみに、日本放送協会編『ラヂオ子供の時間』昭和八年八月放送号所載の島田啓三筆の漫画にも、腰蓑を着けた真っ黒な人物がスタジオのマイクの前で「土人語《どじんご》ムヅカシイアル」と言っているシーンが含まれている)。

もう一つの例が、のらくろ三部作に登場する、豚勝《とんかつ》将軍および彼に率いられる豚軍《とんぐん》の兵隊の豚である。この三部作は、〈アルヨことば〉の実に豊富な用例を提供している貴重な資料であるが、それ以上に、同時代の多数の読者に多大な影響を与えたという点で重視されるのである。

三部作の分析に入る前に、当時の時代背景を簡単におさらいしておきたい。

清国は、日清戦争(一八九四(明治二七)年)、義和団事件(一八九九(明治三二)年)で国力を落とし、そこにつけいって、ロシア、西洋列強、日本がその国土や資源を虎視眈々と狙っていた。日本は、日露戦争の勝利によって手に入れた中国東北部の鉄道運営(東清鉄道)運営の権利を行使し、南満洲鉄道株式会社を設立(一九〇六年)し、中国東北部の経営の足がかりとした。一九一二(明治四五)年には清朝が滅び、南京に中華民国政府が樹立される(辛亥革命)が、一九一五(大正四)年には各地に軍閥も割拠して国情が不安定となった。日本は同年に北京政府の袁世凱に対していわゆる「対華二十一カ条要求」を突きつける。一九一九(大正八)年には関東軍司令部が誕生、東北部の軍事拠点となった。一九二三(大正一二)年には関東大震災が、一九三〇(昭和五)年には世界恐慌が日本に及び、中国東北部の資源はますます日本にとって重要度を増していった。一九三一(昭和六)年九月一八日、関東軍参謀らが奉天郊外柳条湖で満鉄線路を爆破、これを中国の仕業として総攻撃が開始された。いわゆる満洲事変(九・一八事変)である。一九三二年には満洲国建国が宣言されたが、実質上の支配者は関東軍であり、対日協力国家であったと言わざるをえない。一九三七(昭和一二)年七月七日深夜、北平近郊盧溝橋で日中両軍が衝突した。いわゆる「盧溝橋事件」である。これをきっかけとして、日本と中国は戦争状態に入った。『のらくろ総攻撃』が出版されたのはこの一九三七年、『のらくろ決死隊長』『のらくろ武勇談』は翌年の一九三八年になる。

のらくろ三部作の構造

『のらくろ総攻撃』は、国境を接する豚の国、羊の国、熊の国が舞台となる。熊は自国が寒いといって、豚の国や羊の国にしばしば進入しようとする。豚の国の豚勝《とんかつ》将軍は、猛犬軍に守備を依頼し熊を追い払ってもらう。一方で豚勝将軍は羊を好んで食べ、また羊の国を自分のものにしようとしきりに圧迫をかけ、羊たちにいばりちらす。羊たちは猛犬軍に依頼して自国を守ってもらおうとする。熊は豚勝将軍に、軍備を援助するから犬を追い払ってしまえとそそのかし、その気になった豚勝将軍は豚軍《とんぐん》に命じて猛犬軍の駐屯地に夜襲をかけるが、猛犬軍はたちまちそれを返り討ちにする。なおも熊のそそのかしに乗って、豚は着々と猛犬軍との戦争を準備する。猛犬軍もその動向を察知し、部隊を羊の国に派遣する。数度の局地戦やゲリラ戦を経てついに全面戦争となり、猛犬軍は豚軍の基地を占領する。

『のらくろ決死隊長』『のらくろ武勇談』では、先に猛犬軍が占領したのが「豚京《とんきん》城」であることが示され、そのさらに東の「豚県《とんけん》城」、「土古豚《とことん》城」が将来の決戦の地であるという地理関係が明示される。『決死隊長』ではゲリラ戦、諜報戦が主であり、しかし最後は豚県城での決戦となり、豚勝将軍はここでも負けて土古豚城まで敗走する。『武勇談』では、局地戦で負傷したのらくろは、野戦病院で休養し、そこで蛸の八ちゃんらの慰問を受ける。傷が癒えたのらくろは再び前線に立って猛犬軍を指揮し、ついに土古豚城を陥落させるが、再び大きな傷を負ってしまう。

さて、この三部作のストーリーが、同時代の極東情勢を暗示していることは明らかであろう。暗示どころか、『総攻撃』三二頁で壁に貼られた地図、「サアいよ〳〵新しい大亜細亜が出来上がるぞ　すてきだ〳〵　僕等の亜細亜だ」(同一五八頁)「大亜細亜の平和の為ならいつでも戦つてやるぞ」(同一六〇頁)等の猛犬軍の台詞は、時局を想起することを盛んに強制していると言っていいだろう。『決死隊長』で開戦の火ぶたを切った豚軍の夜襲は、作品の出版と同年に起きた盧溝橋事件を下敷きにしているのだろう。

犬、豚、熊、羊はそれぞれ民族・国家のシンボルとなっている。犬はもちろん日本であり、豚は中国、熊はロシアであることも一目瞭然である。豚や熊のシンボルとしての用い方は、同時代の風刺マンガでもしばしば用いられるところである(吉村一九九八、小松二〇〇三)。羊は、満洲族なのか、蒙古族なのかははっきりとしないが、むしろここでは「満蒙」としてひとくくりにされていると見るべきかもしれない。なお、三部作の続編の『のらくろ探検隊』では、満洲族と蒙古族が羊と山羊で表し分けられ、さらに「朝鮮の同胞」の金剛君という犬も登場し、満洲国のスローガン「五族協和」を目に見える形で示している。なお、『総攻撃』以降、絵には出ないが「狸」も亜細亜を狙う一味として示され、おそらく西洋列強を指し示すものと想像される。なお、それまでの「のらくろ」シリーズには熊や豚のほか猿、チンパンジー、カッパも「敵」として登場するが、三部作ほどに国家・民族を露骨に象徴する機能は与えられていない。

興味深いのは、豚は豚勝将軍およびその軍隊である豚軍と、豚勝将軍に支配される「良民」の豚とが区別されている点である。良民の豚は豚勝将軍の圧政を嫌っており、猛犬軍が豚勝将軍を追い払ってくれると感謝のことばを口にしている。豚軍の兵隊も、猛犬軍の強さを知っていて戦闘にはきわめて消極的であり、つねに逃げ出す機会をうかがっている。一方猛犬軍は戦闘時には情け容赦ない殲滅戦を遂行するが、逃げ遅れた捕虜には寛大で、優遇し、訓導するという態度を示している。

『総攻撃』の中で、戦争を前に、ブル連隊長が次のような演説をしている。「只今守備隊からの報告によると、暴戻不遜なる豚勝将軍の不信不法は隠忍に隠忍を重ねたる我方の当初の方針を放擲せしめ、断固膺懲の厳然たる決意を固めしめ……」この文面は、当時の日本政府が中国に対して発した声明にそのまま重なって見える。「膺懲《ようちょう》」とは、「親が子供を懲らしめて道理を分からせる」という意味であり、当時の日本の中国に対するパターナリズム（父性主義）を端的に示す用語である。のらくろ三部作は、「日本はアジアの親であり、ロシアや西洋からアジアを守ってやっているので、アジアの人々は日本に感謝すべきであり、言うことを聞くべきである。それに反抗する分からず屋は、子供といえども実力をもって懲らしめて分からせなければならない」という、日本人が信じたかった(あるいは日本政府・軍部が国民に信じさせたかった)幻想をそのまま端的に表現した世界であると言うことができる(石子一九九五、池田二〇〇二参照)。

豚のことば

「のらくろ」シリーズは、特徴的な役割語(特定のキャラクターと結びつけられた言葉遣い)の使用がほとんど見られない。猛犬軍はもちろん、猿も熊もカッパも羊もおおむね標準語を話している。そんな中で、豚軍の用いる〈アルヨことば〉は作品中、とりわけ異彩を放っている。次のような例である。

豚兵「こりアたまらん　あんな強い奴にあつちや　かなはんあるな」

豚兵「逃げるよろしいな」

豚勝「こらツ　逃げて来るよろしくないぞ　堅固な陣地をこしらへて　飽くまでくひとめるよろし」

豚兵「それがその　なか〳〵思つたやうにゆかんあるよ」

豚兵「黒い犬が強いあるでな」

田河水泡『のらくろ総攻撃』(45頁)

豚勝「いふことをきかん者私切るあるぞ　よろしいか」
豚兵「切られると首なくなる　私困る　しかたない　私戦ふある」
豚兵「しかたない　戦ふある」
豚兵「しかたないあるな」

（『のらくろ総攻撃』四五頁）

三部作中の〈アルヨことば〉の特徴をまとめると、次のようになる。

- 文末に「ある」が多用される。「ある」の後ろには「あるか」「あるね」「あるな」等、終助詞が付される場合も多い（「ある」語法）。
- 「ある」は、「である」「だ」の代わりの「ある」、形容詞の後の「ある」、動詞の後の「ある」のほか、「〜た」「〜ない」等、助動詞の後ろにも現れる。
- 動詞終止形の後ろに「〜よろしい」を付けて命令、依頼、勧誘等、聞き手の行為を誘発する表現となる（「よろしい」語法）。
- 「あるか」は「あるかあ」のように延びることがある（「善太の四季」と共通）。
- 助詞がしばしば脱落する。
- 「ペケ」「ポコペン」が使用されている（「ポコペン」については後述する）。

このように、典型的な〈アルヨことば〉の特徴を有しており、また「ある」の使い方はもっとも多彩である。〈アルヨことば〉の完成された様子がうかがえる。さらに重要なのは、次の点である。「のらくろ」シリーズの中でも『のらくろ上等兵』の中で、「土人」の海賊が〈アルヨことば〉を用いることは既に述べたが、それは通商のための臨時的な使用であり、母語としての使用ではなかった。これに対し、のらくろ三部作の中の豚勝将軍と豚軍の兵隊は、常時使用しており、相手による使い分けがない。これは、〈アルヨことば〉と豚軍というキャラクターとが結びつけられていることを示している。

なお、一口に豚と言っても、実は細かい役柄の違いによって話し方に違いが見られる。まず、単行本一冊目の『のらくろ上等兵』の中にも豚の泥棒が出てくるのだが、これは〈アルヨことば〉を使用しない。この段階では、中国と結びつけられたキャラクターではなかったからであろう。三部作の中でも、兵隊以外の「良民」の豚は、〈アルヨことば〉を使用する場合と使用しない場合がある。まず、『総攻撃』の中の八七―八八頁に登場する、捕虜の中の小学校の先生の豚は、少し変わった言葉遣いをしている。

「ハイ承知したあるあります　両国親善のため　猛犬の正義を豚に知らせるあるどうか陰ながら力になつて下さい」

「さうです　豚の国が熊や狸にとられていまはなかつたのも　実に猛犬に守つて頂

いたおかげあるあります」

これは、〈アルヨことば〉に丁寧語を付けることで、話し手の教養を示しているのであろう。

『総攻撃』九二頁に出てくる非戦闘員の豚は、〈アルヨことば〉を用いていて、兵隊と違いがない。同作品、一六〇頁の豚勝将軍敗走後のシーンでは、「おめでたいあるあります　我々はもと〳〵仲よしだつたのですから　これからは安心して貿易出来るあります」のように、「ある＋あります」あるいは「あります」単独の文末表現が見られる。

『決死隊長』九七―一〇六頁に登場する小学校の先生と生徒たちや地域の住民は、まつたく〈アルヨことば〉を使用せず、標準語を用いている。

「私は豚国小学校の先生です　豚の悪い兵隊追払つてくれたのでお礼に来ました」（九七頁）

「猛犬軍の兵隊さんは大好きだ」「強いから好きだ」「優しいから好きだ」（九九頁）

「猛犬軍に味方して豚勝軍の様子を調べて知らせればいゝな」（一〇四頁）

このようにして見たとき、典型的な〈アルヨことば〉は単に中国人風のキャラクターに用いられているというだけでなく、「ずるい」「卑怯」「弱い」「いくじなし」「二枚舌」等のマイナス・イメージを持ったキャラクターに限定して用いさせられているのであり、キャラクターの性質とことばの組み合わせが巧妙に選択されていることが分かる。

なお、『武勇談』では、蛸の八ちゃんが演じる支那手品の口上で〈アルヨことば〉が用いられている(五九頁)。また同作品の八二―八五頁では、豚勝将軍の行く末を揶揄した落語がマメゾウによって語られているが、ここで転落した豚勝将軍は支那そば屋になっているのである。これらのエピソードでは、支那手品、支那そばという日本人にとっておなじみの中国アイテムが利用されている(戦後、六〇年代まで、中国人といえば「ラーメン」というアイテムが一緒に登場することが多かった。第五章参照)。この作品を通じて、中国らしさの描写は日本人にとってのステレオタイプを出るところがほとんどない。当時は既に中国に多数の日本人が渡っており、生の中国の情報にも触れられるはずであるが、そういった情報はほとんど利用されず、あくまで日本人にとっての中国イメージの利用にとどまっている。

ただし一点注意しておく必要のある語彙がある。「ペケ」と「ポコペン」である。

熊「豚勝将軍どうしたい　負けたのかい」
豚勝「あんなつまらんこと教へるペケあるな」

(『のらくろ総攻撃』二二五頁)

豚勝「敗残兵集まれェ　今度の夜襲ポコペンあるな　これ　豚弱いためでないある
武器たりないためあるよ」（『のらくろ総攻撃』二六頁）

「ペケ」が横浜ことば由来であることは第二章で述べたが、「ポコペン」は横浜ことば由来の単語ではない。これは、日本人が中国大陸に渡って、現地の中国人と接する中で用いるようになった「満洲ピジン」由来の単語である。つまり、のらくろ三部作の〈アルヨことば〉は、横浜に由来する語彙・語法のみならず、大陸由来の語彙も一部取り入れているのである。ただしそれは「ポコペン」一語に留まるところも重要であろう。「ポコペン」については第四章で再び触れる。

この章のまとめ

この章では、「山男の四月」以降に現れた〈アルヨことば〉の諸例を見てきた。〈アルヨことば〉の正確な起源は明らかではないが、「山男の四月」や「善太の四季」に見るように、日本人の生活の中で身近に接するようになった中国人の行商人や手品師などが使っていた片言日本語がそのもとになったであろうことは推測できる。その後、当時の日中関係を反映 *Exercises in the Yokohama Dialect* 改訂増補版にその片鱗が現れている。

して、よくない中国人イメージと〈アルヨことば〉ははっきりと結びつけられるようになった。特に、「チンライぶし」や「のらくろ三部作」というポピュラーカルチャー作品の影響力は計り知れないものがある。「のらくろ」シリーズは当時の子供たちに多大な影響力を持っていたので、やがてその子供たちのなかから創作者が現れたとき、〈アルヨことば〉がその作品に継承されていくのである。そのような実例を、第五章で示すこととする。

続く第四章では、日本人が大陸に渡り、実際の中国人と接するなかで生じた言語「満洲ピジン」について検討し、〈アルヨことば〉との関連を探っていく。それでは舞台を一九〇四年の満洲へと移すこととしよう。

第四章　満洲ピジンをめぐって

満洲義軍

日露戦争のさなか、当時「東辺道」と呼ばれた地域(黄海・鴨緑江・豆満江に沿う満洲東南部)を活動範囲とする「満洲義軍」という軍隊があった。指揮に当たっていたのは花田仲之助少佐(のちに中佐)率いる五五名の日本人であったが、それ以外は主として馬賊や団練と呼ばれた武装集団出身の清国人である。「日清が手を携えてロシアの暴虐に立ち向かう」という大義に共鳴したものもいたが、多くは金で雇われた人々であった。一時は正規兵だけで一二〇〇人に達したという。満洲義軍は、日本帝国軍の指示で結成されたものではあるが、清国人の軍隊であるという体裁を取っていたのである。その任務は、「敵ノ左側背ヲ脅シ、其ノ後方物件ヲ破壊奪略シ、兼テ敵情ヲ捜索シテ之ヲ最近ノ日本軍隊ニ通報スベシ」というものであった。つまりは、ゲリラ戦と諜報活動に当たっていたわけである。その性格上、満洲義軍の実態や活動については日本でもほとんど知られていなかった。数少ない記録の一つ、山名正二著『満洲義軍』(一九四二(昭和一七)年)によれば、花田少佐は現地では「花大人《ホワ》」と呼ばれ、日本人にも清国人にも信望が厚かったという。満洲義軍は一九〇四(明治三七)年五月に結成の命が下り、連戦連勝の華々しい成果をあげ（ただし、秘密部隊なので正式な記録は残っていない）、一九〇五（明治三八）年一一月に解散した。

さて、満洲義軍において日本人の中には中国語ができるものは四名しかおらず、また軍人でもないものが混じっていたので、訓練は困難を極めた。ことに言語面に関しては珍妙なやりとりが交わされていた。以下に、その様子を『満洲義軍』から引用しよう。

通化公園における義軍幹部の集会（『満洲義軍』より）

その他の人々は戦争終り頃の通化駐屯時代になると漸く少しづつわかるやうになつたが、それまでは片言や手真似や日清合辨語で用を達してゐた。難しいところを日本語で言ひ、日本語で清国人がわかるやうな簡単なところを支那語で言ふのである。しかも「梨の皮を剝け」といふことを「你這個梨衣裳不《ニーチョコリーイーシャンプ》要《ヤオ》（この梨の着物は要らない）」と言つたり、大根の葉を除れといふことを「蘿蔔頭髪不《ローポトウファープ》要《ヤオ》（大根の頭の毛は要らない）」などと言つてすました顔をしてゐる。時には布巾のことを「フーチン」などと言つて、日本語でもない支那語でもない新語をも発明した。

光岡工兵少尉は「右へならへ」の号令を、「看脳袋《カンナオタイ》(頭を見ろ)」と叫ぶ。ところが兵隊は「斬脳袋《カンナオタイ》(頭を斬る)」と解し、蒼くなつて首を縮めたりした事があつた。

花田少佐も真面目な顔で自分勝手の支那語を使つてゐた。双眼鏡のことを「千里眼《チエンリガン》」とか、橋のことを「橋《キョウ》」などと漢語とも支那語ともつかぬ言葉を使ふのである。そして清国人を見さへすれば「好《ハオ》」「好《ハオ》」を連発してゐた。

一方清国人も日本語を話せない。義軍の号令は全部日本語であつたが、清国人の什長が兵隊に「右向け右」の号令をかける時には「ミチムケーミチ」と言つてゐた。

（一八四―一八五頁）

ここでは、日本人の指導部が中国人の兵士に片言中国語で指示を出している様子が描かれている。一見中国語のようでもよく見るといろいろおかしいところがある。「你這《ニーチョ》個梨衣裳不《コリーイーシャンプ》要《ヤオ》(この梨の着物は要らない)」では、梨の皮のことを「梨衣裳」と言っていることもおかしいのだが、もっと問題なのは語順である。中国語では、英語と同じように「主語・動詞・目的語」の順に並べなければいけないのに、この例では「你(主語)・這個梨衣裳(目的語)・不要(動詞)」のような語順になっていて、これは日本語と同じである。つまり、中国語の単語を日本語の語順に並べて使っているのである（本来、中国語で「梨の皮を剝け」を表現するならば、「把梨的皮削掉！」などとなる）。なお、「要らない」を「不要」としているのは中国語の語順に従っているようであるが、「不要」はそのままで日本語でもあるので、やはり日本語の語順と言ってさしつかえない。あるいはこの時代も日本語で盛んに用いられていた「候文」式の構文、と言ってもいいかもしれない（そう考えると、後に述べる「進上」についても説明がしやすい）。候文は「不要」とか「未着」などの小さい単位では返読（漢文の語順で書いて読むときにひっくり返す）を行うが、主語・目的語・動詞のような大きな構造は日本語のまま書くのが普通である（矢田二〇一一参照）。

以上述べたことは、次の「蘿蔔頭髪不《ローポトウファープ》要《ヤオ》（大根の頭の毛は要らない）」でも同様に当てはまる。また「衣裳」「頭髪」「不要」のような単語を、類推によって拡大解釈を行い、本来用いるべきでない文脈で使用するという現象は、ピジンによく見られる現象である（第二章参照）。

次の「看脳袋《カンナオタイ》（頭を見ろ）」と「斬脳袋《カンナオタイ》（頭を斬る）」が誤って伝わってしまうというのは、「斬」という字が「カン」とは異なる音なので、編集者の思い違いがあるのかもしれない。おそらく、「砍 kǎn」（「斧や刀でバッサリと力を入れて切る」という意味）のことを指しているのだろう。

「千里眼」「橋」のような日本漢語を中国語と思って使ってしまうという誤りも、このような状況では起こりやすかっただろう。

以上、隠密裡の軍事行動の中で、十分な語学教育も施されないまま現地に赴いた人々が必要に駆られて、持てる知識を精一杯使って作り出した片言中国語、あるいは一種のピジンが生きて用いられた例を、ここから読み取ることができる。そしてこのような状況はこの後、大陸に渡った多数の日本人が体験することとなる。

本章では、満洲を中心として用いられた日中語のピジンの実態および横浜ことばや〈アルヨことば〉との関係について考えていくことにする。

満洲と日本人

開国以後、日本人と中国人との接触は、日本に多くの中国人がやってくることでまず起こったが、日本人が中国に渡ることでも生じた。それがもっとも組織的に、大量に起こったのが、中国東北部、いわゆる満洲においてであった。満洲の歴史を簡単にたどっておきたい(塚瀬一九九八、同二〇〇四、太平洋戦争研究会二〇〇四、武田二〇〇五、高橋(編集・発行)二〇一二参照)。

旧満洲は、今日の中国東北部と称される、黒竜江省、吉林省、遼寧省および内モンゴル自治区の東部にあたる。古く、漢民族、満洲族(ツングース系)、朝鮮族、蒙古族が住

満洲(1938年)(広中一成(2013：16頁)をもとに作成)

大連の街を歩く女性たち(『満洲の記録』集英社, 1995より)

む地域であった。満洲と日本人との関わりは、日露戦争以前、日露戦争以後から満洲国建国まで、および満洲国建国からその崩壊までの三つの期間に分けて考えられる。日露戦争以前は、この地域は日本人の入り込む余地がほとんどなく、住む人はごくわずかであった。日露戦争以後は、東清鉄道の権益を得て南満洲鉄道が設立され(一九〇六(明治三九)年)、鉄道関係者や各種業者、関東都督府(民政部および陸軍部。後者は後に関東軍となる)、領事館関係者等が日本からやってきた。彼らは大連、奉天、長春、ハルビン等の鉄道沿線の大都市に日本人同士で集住し、中国系住民とはほとんど交わらず、日本と同様の暮らしをした。一九三二(昭和七)年で日本人の人口は二六万人を越えていた(塚瀬二〇〇四)。

一九三一(昭和六)年九月一八日、関東軍参謀らは奉天郊外柳条湖で満鉄線路を爆破し、これを中国のせいとして総攻撃を開始した。いわゆる満洲事変、九・一八事変の始まりである。翌一九三二年には最後の清国皇帝、愛新覚羅溥儀を執政(後に皇帝)として満洲国が設立された。満洲国は王道楽土(東洋の徳によって統治された理想郷)、五族協和(日本・漢・朝鮮・満洲・蒙古の各民族融和・協力)を建国のスローガンとしていたが、実質的な支配者は日本人(特に関東軍)であった。日本から開拓団が組織され、組織的に満洲国に移住した。これを満蒙開拓民と言う。満洲国建国直後から一九四五(昭和二〇)年の敗戦までに二七万人の日本人が開拓民となった。もともとの住民である中国人と融和しながら開拓を進めた集落もあったが、六割が中国人や朝鮮人が耕作していた土地を強制的に買収した農地に入っていったため、現地人の立場からは日本人開拓団は土地侵略の先兵と見なされた(『二〇世紀満洲歴史事典』による)。日中戦争・太平洋戦争が終局にさしかかると、移民たちのうち成年男子はあらかた徴兵された(「根こそぎ動員」と言う)。一九四五年、突如、日ソ中立条約を無視してソ連軍が満洲に進軍した。同年八月一五日、日本で終戦が宣告されると、満洲国も崩壊した。日本からの移民たちはソ連軍の侵攻や中国系住民の襲撃におびえながら帰国をめざしたが、途中で命を落とす者も多かった。成人男子の中にはソ連軍に捕まり、シベリアに抑留される者が多数あった。

「日支合弁語」「兵隊支那語」「沿線官話」そして「協和語」

『満洲義軍』では、花田少佐ら義軍の日本人たちが「日清合弁語」を使い始めたのがその濫觴《らんしょう》(始まり)であるとしているが、そうなのだろうか。桜井隆氏「日中語ピジン―「協和語」への序章―」(二〇一二b)によると、原口統太郎『支那人に接する心得』(一九三八)という本に、義和団事件(一八九九―一九〇〇年)に際して中国に従軍した兵士の間でこの種のピジン的な言語が用いられたという記録がある由である。いずれにせよ、この時期に日本人と中国人の親密な接触が始まっているので、ピジンの発生もその頃と考えてよいのだろう。

ピジンの使用が本格化したのは、南満洲鉄道附属地に多くの日本人が住み始めた時期だろう。塚瀬進『満洲の日本人』(二〇〇四)によれば、満洲に住む多くの日本人は中国人に対して文化的な優位性があると考えており、しかも日本人同士集住していて、日本語だけで用が足りるため、身近にいる車夫、ボーイ、行商人等とコミュニケーションするために中国語を学ぶことはありえなかったという(岡田一九九七、安田一九九七も参照)。必要に迫られて中国語を話す必要がある場合は、最低限の内容が伝わればよかったため、日本語と中国語を混同した言葉が用いられた。これが一種のピジンだったわけである。『満洲の日本人』から引用する。

日露戦争後に誕生した珍妙な「日中合弁語」は、表面的な意味が伝われば十分だという考えが生み出していた。要するに、「日中合弁語」は考えや心情までは表現できない、上っ面をなでるような言葉であった。大連や満鉄付属地で生活する限りレベルの高い中国語を話す必要はなく、「日中合弁語」程度の中国語で用は足りた。

藪野遼陽領事が一九二三年に書いた報告には、中国語の習熟が叫ばれているにもかかわらず、周囲に日本人がたくさんいるため中国語を学ぶ日本人は少なく、「十数年在留ノ本邦商人ニシテ苦力語ヲ以テ相当ナル支那人ト対談」しているとし、これでは日本人と中国人の意思疎通がうまくいくとは思えないとある。在満日本人は外国である満洲に暮らしたとはいえ、中国語を話す人は限られており、さらには中国語を話す必要もない生活をおくっていた〔の〕である。（一九八―一九九頁）

このピジンが当時どのように呼ばれていたか、そして「協和語」という呼称について、桜井隆氏が資料を博捜して考察されている（「満洲ピジン中国語と協和語」）。まず日本人側の資料として満洲国成立以前には、中谷鹿二が『満洲日日新聞』に連載した「正しき支那語の話し方と日支合辦語の解剖」を挙げ、「日支合辦語」という言い方を紹介している。先の『満洲義軍』にあった「日清合弁語」は、この中谷の命名を受け継ぐものだろう。中谷は、このピジンを排して正当な中国語を日本人も用いるよう、主張し続けた人である。

次に、満洲国成立以後、桜井氏が挙げたもので典拠の確かなものだけひろっていくと、「ぽこぺん支那語」「ぽこぺん語」「日満合弁語」「中日合弁語」「日満親善語」「日本語的満語」「日満語」「日満混淆語」「日本製満州語」「沿線官話」があるとのことである。桜井氏は、学問的に中立な用語としては「満洲ピジン中国語」が妥当であるとされている。他に、兵隊が広めたという意味で「兵隊支那語」という用語もある(安藤一九八八)。なお、満洲および上海など中国本土で行われたピジンや片言には、中国語ベースのものと、日本語ベースのもの、あるいはその中間もあるので、本章では広く「満洲ピジン」と称しておく。

また「協和語」については、一九四八年の中国側資料に現れるのが早い例で、一九八〇年以降日本側の資料にも見られるようになったとしている。「協和語」の「協和」とは、満洲国建国のスローガンの一つであった「五族協和」からとったもので、ピジンに対し、皮肉をこめてそのように呼んでいるのである。また桜井氏は、おもに中国側の文献で、「協和語」という概念で指示されたものとして「ピジン」「外来語」「片仮名の導入」「誤用」「へたな中国語」など複数の意味が入り交じっているとしている。すなわち「協和語」は決して満洲政府が認めた概念などではなく、指し示される対象がまちまちで、学術用語としての中立性も認められない(石田二〇〇二も参照)。

中谷鹿二『日支合辦語から正しき支那語へ』

中谷鹿二という日中語通訳にして中国語教育者が、満洲ピジンについて貴重な記録を残している。六角恒廣『中国語書誌』(一九九四)によれば、「中谷鹿二は、長野県出身で明治四一年四月以後に宮島大八の善隣書院に入学して中国語を学んだ。大正三年第一次世界大戦に参戦した日本は山東省に出兵した。当時、中谷鹿二は陸軍通訳として従軍、山東省青島の憲兵隊に勤務した。その後大連に移り昭和五年一〇月中国語学習雑誌『善隣』を主宰した。」とある。李素楨『日本人を対象とした旧「満洲」中国語検定試験の研究』(二〇一三)にも詳しい解説がある。桜井(二〇一二b)には「『満洲日日新聞』に、中谷鹿二は一九二四年二月一一日から同年三月二八日まで、三四回にわたって「正しき支那語の話し方と日支合辦語の解剖」を連載した。ここでのピジンの名称は「日支合弁語」である。中谷は「日支合弁語」を矯正されるべき誤用として掲げ、糾弾したのであるが、はからずもそれがこのピジンを記述することにもなった。今日から見れば、「日支合弁語」の同時代の貴重な記録である。」とあるが、この連載をまとめて加筆したのが中谷鹿二『日支合辦語から正しき支那語へ』(一九二六)である。本書は、李(二〇一三)所収の「中谷鹿二著作一覧表」にも収められていない。「はしがき」を引用しておく(ただし、読みやすくするために、表記は現代式に変えた。以下同様)。中谷のこのピジンおよび中国語に対する思いがよく表れている。

「メシメシ進上」「カイカイデガンホーヂ」「ターターデポコペン」「ニーヤブシン

ギャナイカ」こんな珍妙な日本語とも支那語ともつかない会話は、邦人の居住する支那の地ではどこへ行っても、日支人間に猛烈に使用されている不自然な言葉、換言すればいわゆる国籍不明の言葉である。今更贅言するまでもなく、これは支那語を知らない人、そのくせ支那に十幾年もいるなどと威張っている人と、邦人に関係のある一部の支那人との間に使用されるので、決して一般の支那人に対してはもちろん判るはずがないのである。（中略）が、しかしこんな言葉では、決して完全に日支人相互の意思が表示さるるはずはなく、ただお互に無理に無理して、ほんの表面だけの意思を、手まね足まねを加えてやっと通じさすにとどまり、やや込み入った事柄になれば、さっぱり訳が判らなくなり、揚句の果は大喧嘩を演出することすらある。（中略）著者は、在支邦人が今少しく支那語という国語に熱を持ち、せめて日常の簡単なる会話くらいは完全とまでは行かなくとも、普通に話しが出来て欲しいと、日頃希望している一人である。で、普通の支那語会話書は、今では汗牛充棟も啻《ただ》ならざる（＝沢山出版されている（引用者注。以下同様））有様であるから、著者はちょっと方向を変え、此「カイカイデガンホーヂ」式の、いわゆる日支合辧語を俎上に拉し来り（＝取り扱い）、これを一々解剖したる上、更に加うるに正しき支那語を以てしたいと思う。これは従前、著者が満日紙（＝『満洲日日新聞』）上に連載したことがあるが、今回本書編纂に際し、更に修正を施したものである。この日支合辧語が

聴者に不快の念を与え、かつ邦人の威信を傷くること尠からざるは、今更いうまでもないことである。（後略）

本書は、日支合弁語の特徴的な語彙を見出しとしてイロハ順に提示し、解説したものを本体とし、附録として「日支合辦語集附正しき支那語」という、合弁語と正しい中国語を並べた会話集と、正しい中国語による「日常用単語」「各地名」「簡単なる日常用会話」を添えている。語彙としては、以下のものが挙げられている。

「一様的《イヤンデ》」「一個《イカ》」「一番頂好《イチバンテンホー》」「老頭児《ロートル》」「還少々《ハイショーショー》」「你呀《ニーヤ》」「你的《ニーデ》」「ぽこぺん」「朋友《ポンユー》」「壊了《ホワイラ》」「多少銭《ドーショーセヌ》」「這個《チャカ》」「掌櫃的《チャングイデ》」「ぢやないか」「力気《リーキ》」「我的《ワーデ》」「帰《カヘ》らう」「幹活計《カンホージ》」「快々的《カイカイデ》」「大々的《ター〱デ》」「説話《ソホワ》」「那《ナー》べん」「奥《オク》さん」「車《クルマ》」「売買《マイマイ》」「給《ケイ》」「房子《ファンツ》」「不行《プシン》ぢやないか」「不是《プス》」「交換々々《コーカン〱〱》」「撤謊《サーホワン》」「さんぴん進上」「有《ユー》」「飯々《メシ〱》」「進上《シンジョー》」「少々慢々的《ショー〱マヌ〱デ》」「心壊了《シンホワイラ》」「小偸児《ショートル》」「甚麼《ショマ》」「もう少々《ショーショー》」「も」「誰的《セイデ》誰的《セイデ》」「睡覚《スイジョー》」「死了《スウラ》」

これは、かなり網羅的で、立派な語彙集であると言える。ピジンの記録としては、*Exercises in the Yokohama Dialect* と並ぶ天下の奇書と言っていいであろう。ただしここに含まれない重要な語彙もいくつかあるので、後に指摘することとする。

これらの中から、特徴的なものを、中谷の説明にそって取り上げておく。

「你呀《ニーヤ》」は合弁語の中でも「侮り難き猛威を」ふるっていると言い、「你《ニー》」は中国語の二人称単数の代名詞であるが、合弁語ではこれを「中国人」の意味ととって乱用し、「私の処の你呀《ニーヤ》」「貴下処の你呀《ニーヤ》」「魚やの你呀《ニーヤ》」「野菜やの你呀《ニーヤ》」「煙突掃除の你呀《ニーヤ》」「靴直しの你呀《ニーヤ》」、などと使用すると言う(一一〇頁)。なお、「呀」は本来終助詞なので、主語や目的語など、文末以外の位置で「呀」を用いるのも、中国語の文法からはずれている。日本語に語調を近づけて覚えやすく、言いやすくするために「你《ニー》」に付加されたか、あるいは「兄やん」などの日本語の連想も働いたのだろう(「ニーヤン」としている例もある)。

「ぽこぺん」はたぶん「不殻本児《プコウベエール》(ママ)」すなわち「元値が切れて売れない」という語が「幾多の変遷を経て」こうなったのではないかと推測している。例を掲げて見ると、「你《ニー》的大々的《デターターデ》ぽこぺん(＝おまえは大変困ったやつだ)」「這個《チオカ》的《デ》壊了的《ポワイラデ》ぽこぺん(＝これを壊したらだめじゃないか)」「你的来々没有的ぽこぺん(＝お前が来ないのはだめじゃないか)」などと言って中国人を怒鳴り付けているのをよく見ることがあるとのことである(一一二―一一三頁)。

「掌櫃的《チャングイデ》」(チャンクイデとも)は普通、番頭と訳されているが、時には「支配人」または「主人」等の意味になり、主として商人に対する敬称語である。ところが合弁語では相手が男でさえあれば官吏でも軍人でも用い、また中国人でも日本人でも男性を見れば「掌櫃的」と呼びかける、特に人力車夫などが「掌櫃的車要不要《チャンクイデクルマヨープヨー》(＝旦那、車乗らないか)」などと乗車を勧めるのは誰でも聞き馴れていることであろうと言う(二二頁)。

「帰らう」はむろん日本語であるが、合弁語では「帰る」のみならず「行く」という意味でも用いる(三〇頁)。

「幹活計《ガンホジ》」(中谷は「カンホージ」「カンホジ」とも読んでいる。一般には「かんほうじ」と書かれることが多い)は名詞・動詞の区別なく、仕事または仕事をする、事務を執る、商売をする等の意味で用いる。もともとは、「幹(現代の中国の表記では干)」は「する」、「活計」は「仕事」の意味で、「動詞＋目的語」の構造を持っている。

1　你的《ニーデ》幹活計《ガンホジ》完了《ワヌラ》か　お前仕事が終ったのかの意
2　你的《ニーデ》なーべん幹活計《ガンホジ》　お前は何処で仕事しているのかの意
3　今天《キヌテヌ》礼拝的《リーバイデ》幹活計《ガンホジ》没有《メイユー》　今日は日曜だから仕事は休みだの意
4　這個的《チャカデ》壊了《ホワイラ》你的《ニーデ》快々的《カイカイデ》幹活計《ガンホジ》好《ホー》　これが壊れたからお前早く直せの意

(後略)　(三一―三二頁)

「なーべん」は「那辺」であり、「どこ」の意味である。正しい中国語では「那児」に当たる(四一頁)。「那」は「あそこ・そこ」などの意味を表す指示語で、疑問詞ではない。明治文語文の「那辺＝どこ」を中国語と誤解して用いているのであろう。あるいは「哪辺」(どこ)のことかもしれない。

「有」語法・「好」語法

〈アルヨことば〉との関連で、興味深い事例が中谷の同書に記録されている。「〜あるよ」「〜よろしい」に当たる部分を「〜有《ユー》」「〜好《ホー》」で置き換えているかのような語法が見られるのである。これをそれぞれ「有」語法、「好」語法と呼んでおこう。同書から引用する。

有《ユー》

これはあると云う動詞であるが合辨語では全然日本式の使用をやっている今左に例を出して正しい語と対照比較して見る。

(中略)

合辨語

尚合辨語では「有」を或る動詞の終わりに附し、左の如き妙な言廻しをしている。

1　他的《ターデ》今天《キヌテヌ》来有《ラィユー》か　彼は今日来るかの意（過去現在未来の区別なし）
2　他的《ターデ》昨天的《ゾオテヌデ》来没有了《ラィメィユーラ》　彼は昨日来なかったの意
3　你的《ニーデ》看々有《カヌカヌユー》か　お前見たのかの意
4　他的《ターデ》今天回来有《キヌテヌホイラィユー》か　彼は今日帰えるかの意（過去現在未来の区別なし）
5　你的《ニーデ》他的《ターデ》に説話有《ソホワユー》か　お前彼に話したかの意

（後略）　（六〇―六二頁）

この記述から分かるように、満洲ピジンにおける「有」の使い方は明らかに日本語の影響下にある。動詞の後ろに「有」を置く用法は、これを「〜ある」と置き換えれば「ある」語法そのものであることに気づくだろう。「〜没有」からの類推ということも考えられるが、「〜没有」は疑問文の文型であり、肯定文への転用にはもう一ステップ必要である。「有」語法は、満洲で独自に発達したというよりは、日本で生まれた「ある」語法を中国語であるかのように応用した、と見るのが適切ではないか。この見方は、次の「好」の用法からさらに補強される。

這個《チャカ》的《デ》壊了《ホワイラ》你的《ニーデ》快々的《カイカイデ》幹活《ガンホ》計《ジ》好《ホー》　これが壊れたからお前早く直せの意　（三二頁）
你的《ニーデ》一《イ》個《カ》飯々好《メシメシホー》　貴下一つ召し上ってごらん下さい位の意　（六四頁）

我的《ワーデ》這個《チャカ》進上《シンジョー》、你的《ニーデ》那個《ナーカ》進上好《シンジョーホー》　私がこれをやるからお前あれをくれの意（六六頁）
我的《ワーデ》你的《ニーデ》に這個《チャカ》進上《シンジョー》するから頂好《テンホー》洗々《シーシー》して衣装《イシアン》幹活計《カンホジ》好《ホー》
　私はお前にこれを上げるからよく洗って着るといい（九八頁）

すなわち、動詞（相当の語）の後ろに「〜好」を付けることで、命令、依頼、勧めの意味になるが、これは中国語の「好」の用法をはるかに逸脱している。まさしく〈アルヨことば〉の「よろしい」語法の逐語訳と見るのが妥当であろう。

『支那在留日本人小学生　綴方現地報告』

新居《にい》格《いたる》編『支那在留日本人小学生　綴方現地報告』（一九三九年）という本がある。前田（二〇〇三）・田中（二〇一三）でも取り上げられたものである。上海、青島、済南等、当時の中華民国に渡った日本人の子女が日本人学校で書いた作文（綴り方）を集めたもので、また附録として「満洲篇」も付けられている。日中戦争が始まって三年目、重慶大空襲や冀中作戦が展開された年とあい前後しており、日中戦争まっただ中と言ってよいであろう。その時期の中国や満洲で暮らす小学生が書いた作文には、彼らの生活とともに、彼らが接した中国人（あるいは「満人」＝満洲に暮らす漢人）の生々しい姿も描かれている。その中国人とは、家で使っているボーイや女中や、行商人や物乞いの子供などである。作為やステレオタイプがないとは言えないが、大人の書いたものに比べればはるかに正直に実感が吐露されていると見てよい。満洲だけでなくその他の中国の都市における言語接触の様子が分かるのも興味深い（以下、作文を書いた児童の名前は伏せておく。表記は現代式に改めた）。

まず次に示すのは、上海の小学生が書いた「ピクニック」という作文である。

この前の日よう日は、ぼくらの会社のピクニックでした。
みんなで　あさ早くから用意をしてやっと会社のバスに　乗ることが出来て、一ばんはじめに　大場鎮につきました。（中略）
「廟行鎮に行く人は　このバスに乗って下さい。」
といったので　僕はそのバスに乗り

『支那在留日本人小学生 綴方現地報告』表紙

ました。年楳君も一しょでした。

行く道は　がたがた道で、バスが　ぐらぐらゆれるので　ほうり出されそうになりました。ぼくらの車が　いよいよつくと、きたない、きものを着た支那人が　どやどやと車のまわりにあつまって来ました。そして、

「シイサン　カラメル　シンジョ。」（おじさん　キャラメル　を　下さい）

といったり、

「シイサン、オカネ　アリガト。」（おじさん、おかね　ありがとう《下さいということ》）

と、やかましくいいながら　わいわいさわいでいます。はじめ　ぼくが　バスから下りる時は、おきょうでもあげているのかと思いました。それがまるで　うたをうたうようにちょうしよく、いうのですから、みんな　わらいました。

あとでわかったのですが、こんな日本語は　みな、日本の兵隊さんに　ならったのだそうです。（後略）　（上海・尋常小学校二年生男児、二六―二八頁）

「シイサン」は「先生」で、目上の人への呼びかけに用いられる。「進上」が登場している。また「ありがとう」はここでは「進上」とともに、「ください」という要求の意味で用いられている。これらの日本語が「日本の兵隊さんに　ならった」と証言されている点が注目される。まさしく「兵隊支那語」である。

次に示すのは、「阿媽《あま》の子供」と題された、五年生の女児の書いた作文である。

上海の家々では「阿媽」(月、十円位で働く支那人の女中のこと)を使って居ます。家にも阿媽が一人居ます。阿媽はよく子供を一人連れて来ます。男の子でかわいらしい顔をしています。(中略)

私が昨日学校から帰って来た時、其の男の子が来て居ました。(中略)

それから二時間程で、お勉強は済みましたが、其の間、あの子の事が気になるので、早くお勉強をすませて、一緒に遊んでやりたいと思う、せかせかした気持で一ぱいでした。

手早く道具を片附けて、ころぶように庭へ走り出た私は、

「ウエー。来々《レーレー》(一寸お出なさい)。」

と呼びますと、喜んで走って来たので、お菓子をやって、

「儂《ノン》ケタ、チヨウ好《ホウ》や(あなた、これ食べなさい)。」

と、片言まじりの上海語で言うと、喜んで食べ始めました。

(上海・尋常小学校五年生女児、一五〇―一五二頁)

中国人の女中の子供にお菓子を勧める際に、文末に「好」を添えて命令・依頼を表す

「好」語法が用いられていることが注目される。

次に示すのは、満洲の三年生女児の作文で、お母さんと野菜の行商人とのやりとりが書き留められている。

きのう、やさいやのにいやんが来ました。(中略)おかあさんは「きゅうりをかおうか。」といいながら、お外へ行きました。にいやんは「おくさんきゅうりかうよろしい。」といって、きゅうりをいじっていました。おかあさんが、きゅうり二本かって「二本なんせんかね。」といいながら、おうちへかえって、お金を持って来ました。にいやんは「二十せんです。」といいました。おかあさんは「たかいたかいしょうしょうまけるいいよ。」といいながらあかちゃんを、すずみだいにおいて「しょうがない。」といって、お金をやりました。にいやんは「しぇしぇ。」といいながらおとなりのおうちの中へはいりました。(中略)又向うから一人のにいやんが来ました。こんどは「おくさんやさいいりませんか、やさいたあたあある、かうよろしい。」といって、ぽけっとからなんきん豆を出して、むしゃむしゃとたべていました「おくさん。」といったので、おかあさんは「ぷよ。」といいました。にいやんは「ぷよか。」といって出て行きました。

(満洲・尋常小学校三年生女児、三五二―三五四頁)

「にいやん」とは「你呀《ニーヤ》」がさらに変化した形で、中国人（満人）のことを指している。「かうよろしい」「まけるいいよ」という、「よろしい」語法が用いられている。また、「大大《タアタア》ある」という「ある」語法が見られる。ただしこの場合は、野菜の存在を表しているので、助詞「が」の臨時的な省略と見なすこともできる。

次の作文は、満洲の四年生男児のもので、児童と廃品買い取りの中国人とのやりとりが記されている。


僕達は陸軍記念日に忠霊塔にお参りして帰りがけ、ボロニーヤンをさがして僕の家まで引張って来て僕が、

「たくさんある。高く買うよろしい」

といいながら、ニーヤンに雑誌をみせると、

「ハヲハヲ」

といってはかりではかってから、ポケットに手を入れた。いくらお金をくれるか見ていると、

「トントンでこれだけ」

といって五十五銭出しました。僕は

「テンホウ」というと、ニイヤンはにこにこ笑いながら、
「ありがとう、さようなら」
といって、かるそうに雑誌をさげて表へ出ました。
(満洲・尋常高等小学校四年生男児、三七九―三八〇頁)

「ボロニーヤン」は「にいやん」がさらに「ぼろ(廃品)」と複合して、廃品回収の中国人という意味を表す単語となっている。存在を表す「ある」語法、および命令・依頼を表す「よろしい」語法を日本人男児が中国人に対して用いている。また中国人が用いる、「トントンで」(=全部で)、日本人男児が用いる「テンホウ」といった語彙が見られる。

次の作文は満洲の六年生の女児が書いたもので、家に雇用されている中国人ボーイとのやりとりが細やかに描写されている。多くの満洲ピジンが現れているので、少し長いが引用する。

「アイウエオ、カキクケコ。」と、お庭で大声を出して、何か読んでいるのにびっくりして、外に出て見ると、今年十七歳になる、わんぱく盛りの、満人のボーイさんが、花だんのそばに、あんぺらを引っぱり出して、四五日前に買って来た、日本

語読本を、はらばいになって、ありったけの声を出して、読んでいるのである。

私も、丁度、その時、算術をしていたが、その問題が、中々出来ないので、気がいらいらしていた。

ボーイは、私が来たことを知ると、あまりよくもない声を一層はりあげて、

「アサチャンガキマシタ。アサチャンハ、ワルイヒトデス。」

と、本に書いてない、出たらめな事を、いい始めた。

私は、しゃくにさわったので、

「にーで、しょま。（何だお前!）おーで、たーたー（私はたいへん）やかましい、やかましい、じゃないか。」

と、後の方は、わからないから、日本語でいってやると、ボイは、にやっと笑って、言うことが、憎くらしい。

「オーデ*日本人《イベヌレヌ》ブス、（私は日本人ではない）、日本語《イベヌホワ》ブチドウ、（日本語はわからない）。」と言って相手にしない。

私は、ぐっと、しゃくにさわって、

「あたしだって、満人とちがうんだからね、満語なんか、一つだってわからないよ。」と、いって向うへ行こうとすると、

「アサチャン、バカダネ、アッチヘイキナサイ。」

と、此頃、習い覚えた、日本語で、言って、私の背中を、「ぽん。」と、たたいて逃げていった。（中略）

「アサチャン！　テンホウナ（たいへんよろしい）ターターテンホウナ。」と、手をたたいてはやしたてるので、「満人て、どうしてこんなに、意地が悪いのだろう。日本人だったらこんなとき『ごめんなさいね』と、一言位あやまるのに。」と、くやしまぎれにこんな事を思った。

ボーイは、なおも、はやすのをやめないで、しまいには、愛国行進曲の曲になって、

「アサチャン、ヨロシイテンホウヨ、オーデブチドウ、ヨロシイナー。」と、少しか知らない日本語をまぜて、面白さうに歌う。

私は、大層、腹がたったが、その日はそれで終った。

今でも、何かして貰いたい、と思って、ボーイを呼んでも、この事を思い出すと、急にたのみたくなくなって、

「しん、ゆうす、めいゆう。」（よろしい、用事がない）

と、知らん顔をしてやる。

すると、ボーイは、

「シン、ユウスメイユウデ、オーデ、カンホージ（仕事ヲスル）メイユウ（無イ）」

と、言って、行ってしまう。（後略）

（満洲・尋常高等小学校六年生女児、四三一—四三五頁）

＊「日本人」のルビが「イ ベメレヌ」となっていたが、誤りと考えられるので改めた。

「ターター」（大大）、「シン」（行）、「メイユウ」（没有）、「テンホウ」（挺好・頂好）、「カンホージ」（幹活計）、「おーで／オーデ」（我的）、「ニーデ」（你的《ニーデ》）、「ブス（不是）」、「日本語ブチドウ（不知道）」等が見られ、語順も日本語式になっている。

最後に、日本語の「ばかやろう」を中国人の兵隊が使っているということを書いた「満人の兵隊さん」という作文を引用しよう。満洲の四年生の女児が書いたものである。

満人の兵隊は日本語はしりませんが「ばかやろ。」という言葉は知っています。そうして満人をよくたたいて居ます。私は満人の兵隊さんを何時でも見ますが「ばかやろ。」と言うからきらいです。

（満洲・尋常高等小学校四年生女児、三八五頁）

この「ばかやろう」は、今日まで抗日映画・ドラマでよく用いられていることばで、今でも、若い中国人でさえドラマなどで聞き知っていることばとなっている（終章参照）。現実に満洲で特徴的なことばとして用いられていたことがこの作文から知られる。

軍事郵便に現れた満洲ピジン

張守祥氏は、「軍事郵便」という資料を使って満洲および華北・華東地方の日中言語接触の状況を明らかにした(「「満洲国」における言語接触―新資料に見られる言語接触の実態―」(二〇一一))。張氏論文から引用する。

軍事郵便とは第二次世界大戦中に戦地にいる軍人が日本へ、或いは日本から戦地の軍人に向けて私信を送るための郵便制度である。(中略)当時の従軍画家を中心に描かれた軍事郵便絵葉書には、山水画、漫画、戦争画などが取り入れられ、特に軍事教育、言語教育、国威高揚の宣伝手段としてよく用いられた。

一方、これらの絵葉書は「満洲国」時代の軍隊生活、現地人との交流場面(食生活、買物、学習、遊楽、理髪、乗車、交通整理など)を描写しているだけでなく、登場人物の会話内容も文字化して記述されているのである。(中略)

これらの軍事郵便絵葉書(漫画)は合計一〇四枚で、絵葉書にあるテキストの形式に応じて、以下の四種類に分けた。「満洲カナ表記の中国語+日本語訳」(二四枚 写真一参照)、日本語による会話文+満洲カナ表記の中国語語彙リスト」(三二枚 写真二参照)、「日本語による会話文＋中国語訳付き」(四一枚　写真三参照)、「日本語のみによる会話文」(七枚　写真四参照)である。(後略)　(五五―五六頁)

軍事郵便絵葉書「路上の会話」(張(2011)より．引用中の写真１に相当)

消印等から、当時満洲で流通したものであることは間違いなく、貴重な資料であると言える。しかし一方で、正確な制作年や作者が不詳であること、また正確を期した資料というより、一般的な興味や日本とは違った風俗を強調する目的で作成されており、制作者の思い込みやステレオタイプが混入しているおそれもないとは言えないことなどから、それなりに注意して取り扱う必要はある。

張氏論文によれば、この資料に現れた言語状況は、語彙レベルの借用、日本語語順の中国語、日本語助詞の過剰省略、日本語文と中国語文の混合など、言語接触の影響がさまざまなレベルで観察される。

①「一輪車」(日本兵同士の会話)
日本兵：帆をかけた小車《シアオチエー》は日本では見られないなァ……

②「皇軍の仁慈」(現地人と日本兵)
現地人：ニッポン兵隊サン人情ある。支那兵隊プーホープーホー。(不好不好)

③「日満親善」(日本兵と満洲国兵)
日本兵：ニーライイーホイバ(一度遊びに来給へ)。
満洲国兵：シイヱシイヱ。

④「兵隊と農民」
日本兵：ニデーイヱンチユワールシンヂヨ。(お前にタバコをやらう)
農民：タアータアーデーヨーシイヱシイヱ。(どうも何卒何卒有難う)

⑤(陣中理髪)
現地人：ワタシバリカンヨク切レマシエン。(五九頁)

より詳しく言えば、次のような諸点に整理される(張二〇一一、六〇―六六頁)。

• 語彙の借用や文レベルの中国語使用
日本語の文脈の中に多量の中国語起源の語彙が混入している。

名詞類…洋車《ヤンチェー》、馬車《マーチェー》、啤酒《ビーチウ》、猪《チュ》、老酒《ローチュー》、中国菜《チュンクオツァイ》、河《ホー》、大頭魚《タートウユイ》、洋楼《ヤンロー》、開水《カイスイ》等
形容詞類…巧《チァオ》、好看《ハオカン》等
動詞類…看看《カンカン》
感動詞…哎呀《アイヤ》

- 音韻上の特徴

中国語起源の語彙は、仮名表記(満洲カナ)による表記で、中国原音に近づけるよう工夫されているが、子音母音とも日中語には大きく違う点があり、また声調も無視されているので、表記的に限界がある。これが現地日本人の発音を反映している(つまり仮名読み的な中国語の発音)という可能性もうかがえる。

- 人称代名詞を中心とする「デー」の拡大使用

「的《デ》」は本来の中国語では所有の意味を表し、「我的《ウォーデ》」「你的《ニーデ》」は「私の」「あなたの」の意味を表すが、これが主格その他の文法成分にも拡大使用される。また「快快デー」「慢慢デー」のように副詞成分にも用いられる。

張氏は、この拡大使用の動機を、日本語の代名詞が二音節以上あるところから、音節数を増やすためという音韻的な説明をしている。一方で、別の文献では、日本語が膠着語であり、文法成分には基本的に助詞が付加されるところから、「的」が拡張解釈されて付加されたという文法的説明がなされることもある。

・助動詞としての「アル」

これはまさしく〈アルヨことば〉に共通する「ある」語法である。張氏は、「ある」の用法を次のようにまとめている。

(a) 繋辞：名詞＋ある
(b) 述語：(形容詞・動詞)基本形＋ある
(c) 述語：形容動詞語幹＋ある
(d) 述語：動詞未然形＋助動詞(ない)＋ある
(e) 述語：動詞連用形＋助動詞(た)＋ある

・助詞、準体助詞、形式名詞などの省略

助詞が脱落することはすでに横浜ピジン(横浜ことば)にも見られた、文法の単純化であり、もっぱら現地人の発話に見られる。なお、このカテゴリーの中に張氏は〈アルヨことば〉に共通する「よろしい」語法も含めている。

㊲(洋車)
現地人児童：日本兵隊さん、〇〇まで二十せん(銭)高い…
　十せん(銭)にまけさす(のが・ほうが・ことが)よろしい。

㊳(牛にたわむれ)

現地人児童：兵隊さん曲芸仲々うまい。今度は逆立する(のが・ほうが・ことが)よろしい。

戦中・戦後の日本人の記録やフィクションに現れた満洲ピジン

軍人、あるいは民間人として満洲やその他の中国戦地を体験し、「引き揚げ者」として帰国した人たちが、ノンフィクションや、フィクションの形で自らの体験を記したものの中に、満洲ピジンの痕跡が見られる。

まず、藤森節子『少女たちの植民地―関東州の記憶から―』(二〇一三年)を紹介しよう。

――と、ここで私のペンは前に進まなくなる。先ほどから私の前に立ちはだかっているものがあるからだ。

このように日本人の子どもたちは、中国人の地域との間の目に見えない境界線を自由気ままに往来したにもかかわらず、小学校へ行くより前から、群れ遊んでいた子どもたちの間で覚えたはやし言葉が突然のように立ち現れてきたからだ。

ニーデ　ションマ　カンホージ　ヤーメンチュイデ　サンピーケー

いままでにもいったいなにを叫んでいたのか考えてみたことはある。この前半は〈おまえ、なにをしでかしたのか、役所に行けば……〉ということになる。だが〈サンピーケー〉とは何であろうか。いままではそこで行きどまっていたが、この際はっきりさせておこう。どうせひどいことを言っているにきまっているはずだから、いくらなんでも中国人の友人にたずねることなど、とてもできることではない。そこで、俗語にもくわしそうな小学校以来の友人に恥をしのんでたずねてみると、「サンピーケー、鎗斃給だね」という答えが返ってきた。〈你的什麼幹活計　衙門去的鎗斃給〉、ちゃんとした言葉にはなっていないが、後半は〈役所に行けば銃殺だぞ〉ということになるのだ。

(七五―七六頁)

満洲に隣接した、関東州に暮らす子供たちの遊びことばの中に、ピジンが入り込んでいたことが分かる。

次に挙げるのは、棟田博『続・陸軍よもやま物語』(一九八一年)である。本書五六頁に

「兵隊新語」という一節がある。「戦場の兵隊は、いわゆる兵隊用語をつくるのがうまい。

かりに兵隊新語と名づけて、思い出すままに記してみる。／もっともこれは、中国大陸の戦場で生まれたもので、南方の戦場では、南方らしい特色をもつ兵隊新語があったに

ちがいない。」とあって、「鼻環・不発・爆撃・ケチョンケチョン・赤えり・ピー屋・おっこち・赤腹・鉄かぶと・ばんざい」などが挙がっているが、満洲ピジンと共通する語彙として「めいはあず・かえろかえろでえ」のほか、「快々的《カイカイデー》、慢々的《マンマンデー》、多々的《ターターデー》、少々的《ショウショウデー》」も示されている。また、

つぎのは、日本語と中国語のカクテルといえようか。
めしめしかんほうじ——食事をするということ。
睡覚《スイジョウ》勤務——寝ること。
進上進上——あげるという場合も、くれろという場合にも同じように使って、中国人をとまどいさせる言葉であった。（五七頁）

という記述もある。

関連して、文法学者の大久保忠利が一九四九年に書いた「生きている「兵隊コトバ」—中間報告として—」というエッセーを紹介しておこう。著者がアンケート調査等によって集めた兵隊ことばを、「軍用専門語の残つているもの」「軍隊的言いまわし」「軍隊的表現語」「隠語」「土語」に分けているが、その「土語」の項に次のようにある。

その代表的なものは例のパンパンであるが、その外に今でも耳にするものとしては、次の様なものがある。中国語が多い。

マンマンデー＝ゆつくりとしている
カイカイデー＝早い
ホーホーデー＝良い
メイカンシ＝気にしない
ワンラ＝終り
ブシュン＝だめ
メイファーズ＝仕様がない
ホワイラ＝病気、悪い。脳方《ノーテン》(ママ)ホワイラ(頭が悪い)

終戦後しばらく使われていたが、此の頃あまり聞かなくなつたのでは、さつきの、

オーデ＝俺
ニーデ＝お前

などがある。　(六九―七〇頁)

続いて、変わり種の資料として、「ミスワカナ・玉松一郎」の漫才を挙げておこう。ワカナ・一郎は戦前から戦中にかけて、エンタツ・アチャコとともに絶大な人気を誇っ

た男女漫才コンビである(秋田一九八四、大阪府立上方演芸資料館(ワッハ上方)編二〇〇八参照)。特にワカナの美声、各地の方言を自在に操る言語運用能力は、未だに他の芸人の追随を許さない。ミスワカナは終戦直後、一九四六(昭和二一)年、阪急西宮球場での野外演芸会の帰り、阪急西宮北口駅のホームで心臓発作のため三六歳の若さで急死した。一説に薬物中毒であったとも言われる。当時ミスワカナの付き人をし、急死の現場にも立ち会ったのが後の女優、森光子である(映画「喜劇 駅前飯店」(一九六二年、監督：久松静児)での森光子のニセ中国語の芸風は、おそらくミスワカナの影響を受けたものであろう。ただしその完成度は、ミスワカナよりはずっと劣る。第五章参照)。ワカナ・一郎は、一九三七(昭和一二)年、他の吉本興業の芸人とともに「皇軍慰問団」に参加し、中国へと渡った。いわゆる「わらわし隊」である。ワカナは帰国後、そのたぐいまれな言語運用能力を生かして、「わらわし隊」での経験をおもしろおかしく綴った新作漫才を作り、一郎とともに演じて喝采を取った。その中に、中国でのピジンを取り扱ったものもあった。

• ワカナ「わたし支那生まれある、支那から日本来て商売する」
• ワカナ「金あるない一目でわかる」
　一郎「はーやっぱりねぇ」
　ワカナ「ニーデ　チエン　ターダ　オーデ　チエン　メイユー」

一郎「何をゆうとるんです」
ワカナ「ニーデとはああたで」
一郎「なるほどね」
ワカナ「チェンとはお金」
一郎「お金」
ワカナ「たくさんあるはターターユー」
一郎「あんた金持ちやゆうとんねんなぁ」
ワカナ「オーデ　チェン　メイユー」
一郎「そら何ですか」
ワカナ「わたしは金ありませんけどお宅は金持ちやと尊敬してるんです」
（いずれもビクターレコード『支那便利隊　上』）

ここでは「ある」語法が見られるほか、一人称「オーデ(我的)」、二人称「ニーデ(你的)」、また「ユー(有)」「メイユー(没有)」が文末に置かれるなど語順の日本語化が見られ、満洲ピジンに共通するものがあることが分かる(レコードは、本書執筆時点ではYouTubeで聴取可能である)。

その他、石川達三『生きている兵隊』(『中央公論』一九三八年三月号)、ちばてつや「屋根うらの絵本かき」(『別冊少年ジャンプ』一九七三年一〇月号)、森田拳次『ぼくの満洲(上)(下)』(二〇〇二年)といったマンガ作品もある。水上勉の「小孩《しょうはい》」(初出『すばる』臨時増刊号、一九七九年一月)という小説もある。山口盈文『僕は八路軍の少年兵だった』(一九九四年)という記録もある。また、雑誌『満洲と日本人』(満洲と日本人編集委員会編、大湊書房)という雑誌に寄稿された記事には、満洲ピジンが散見される。その他、民間の方の自費出版による満洲体験の記録も多数存在する。またフィクションの大作として、五味川純平の『人間の條件』(第一部は一九五六年刊行)を忘れることはできないだろう。

この章のまとめ

満洲ピジンは、終戦～満洲国の崩壊とともに、泡のように消えてしまった。今や、数少ない記録と、当時満洲にいて生き残った人々(もう八〇歳を越えてしまっている)の記憶の片隅に残るばかりである。李素楨氏は『日本人を対象とした旧「満洲」中国語検定試験の研究』(二〇一三)の中で次のように書いている。

筆者の聞き取り調査によると、確かに当時、「中国人の乞食が市中を歩きながらメシメシ　シンジャウと大声を発していた」ということがあった。現在でも中国東北に八〇歳以上の中国人がメシメシや、トントンデなどの「合辦語」を知っている。また、「満洲国」に居住していた日本人が日本に戻って「ポコペン」や「進上」などという「合辦語」を使っていたのを聴いたことがある。（一四八頁）

清水安三先生（桜美林大学創立者、敗戦までに中国から日本に戻った）は「進上進上」という言葉をよく口にした。そのことを植田渥雄先生から聞いた。山本弥生先生は「開拓者」の人たちが「ポコペン」と言っていたことを聞いた。

（一七二頁・注一七四）

満洲ピジンは基本的に中国語ベースであり、中国語由来の単語に日本語由来の単語を交ぜながら、全体として日本語語順で話されることを基本とする。横浜ことばとの語彙の共通性はさほど濃くないが、「進上」は共通している（終章で再説する）。その他、「かえろかえろ」は横浜ことばの「ま（わ）ろま（わ）ろ」と発想が似ている。中谷（一九二六）に現れる「さんぴん進上（殴ることを表す）」というのも、横浜ことばの「ポンコツ進上」とそっくりである。また、〈アルヨことば〉に共通する「ある」語法や、「よろしい」語法が見られるだけでなく、それを中国語の「有」「好」で置き換えた語法まで存在する。時間的、空間的に、満洲ピジンと独立に〈アルヨことば〉が日本で完成されたことは間違いない。加えて、〈アルヨことば〉の前身と見られる中国人と日本人の間の片言表現を日本人が大陸に持ち込み、満洲ピジンに影響を与えたと考えることは十分合理的である。

満洲ピジンの実態が消えても、その面影は中国の「抗日映画・ドラマ」の中の「日本《リーベン》鬼子《グイズ》」＝日本軍の軍人のことばの中に影響を残していく。一方、〈アルヨことば〉は戦後のポピュラーカルチャーの中でなお強い生命を保って再生していく。次章では、日本国内で戦前から戦後へとつながっていく〈アルヨことば〉のその後を追い、続く終章では、満洲ピジンと「抗日映画・ドラマ」の日本語との関連に触れる。私たちは、一九六〇年の日本の映画館に座って、とりあえずスクリーンに注目しよう。

第五章　戦後の〈アルヨことば〉

戦後日本と中国人

一九四五(昭和二〇)年八月八日、ソビエト連邦が対日宣戦布告し、翌九日、満洲国境を破って日本軍への攻撃を開始した。成人男子の多くが徴兵され、南島方面に動員されていたため、関東軍は抵抗らしい抵抗をすることもできなかった。八月一〇日、日本政府はポツダム宣言受諾を連合国へ申し入れ、一五日には天皇がラジオを通じて、戦争終結の詔勅を国民に告げた。いわゆる玉音放送である。八月一八日、満洲皇帝溥儀は退位を宣言、二〇日に満洲国解散宣言が出された。九月九日、ハルビンから引き揚げ第一陣約八〇〇名が釜山経由で博多港に到着したが、四〇万人と言われる在留日本人の帰国は困難を極めた。

満洲ピジンは、それを用いる人と場所を失い、実態としてはほどなく消滅することになる。

〈アルヨことば〉はどうなっただろうか。終戦以前、日本人は、中国人(そして朝鮮人、台湾人)を支配の対象として扱い、そのような目で見てきた。戦前の〈アルヨことば〉はそういった日本人の中国人に対する視線を反映した場面で用いられた記号であった。敗戦によりその関係は失われ、一転、中国人は戦勝者、日本人は敗戦者の立場に置かれた。しかし日本人の東アジア人民に対する差別意識は解消したわけではなく、敗戦国、被占領国となったルサンチマンがこれらの人に向かうこともあった。「(第)三国人」という呼称はそういった日本人の心情を反映している(内海一九八六・梁一九八六参照)。これは厳密には日本が支配していた台湾、朝鮮の人々を指し示すが、もう少し広く中国人一般を指し示すこともあった。各地で中国人や朝鮮人が争議や乱闘を起こすことが事実としてあったが、また「闇社会では三国人が暗躍している」という空想が日本人の心を捉えることもあった。映画作品の中には、中国人や朝鮮人を思わせるギャングのボスが登場し、片言日本語やピジンを話す描写が行われた。

　事実として、ポピュラーカルチャーの中で〈アルヨことば〉は戦後を生き抜いたのだ。〈アルヨことば〉は、どこか風変わりで怪しげで、利にさとく抜け目なさげで、しかしそれでいてどこか抜けており、おとぼけで滑稽感のある中国人キャラクターを表現するために用いられた。それは戦前・戦中の中国人の表象を引き継いでいると言ってよいであろう。例えば「のらくろ」三部作の豚軍のキャラクターが大きな影響を与えていると見ることもできる。その状況が大きく変わるのが一九八〇年代である。以下、まず一九五〇～七〇年代の状況を見ていく。

「拳銃無頼帖　抜き射ちの竜」

一九五〇年代から六〇年代にかけて、日本映画の世界における外国人の表現には、〈アルヨことば〉に代表される、片言やピジンの伝統が受け継がれていた。その状況を支えたのは、西村晃、藤村有弘、小沢昭一といった個性的なバイプレーヤー達である。彼らが演じる外国人、特に「謎の三国人」は、スクリーンに怪しげなイメージを掻き立てた。その中でも、最も広範な人気を勝ち得たのは、藤村有弘であろう。藤村はニセ外国語の巧みな使い手であり、後のタモリ(森田一義)の「ハナモゲラ語」の先駆者であるとも言える。彼は映画の中で、多彩な国籍の人物を演じ分けている。ラテン系の人物が入っていたり、トルコ人らしい役もあったりするが、圧倒的に多いのは中国人、それに次いで朝鮮系の人物である。中国人の役割を演じるとき、〈アルヨことば〉に近い片言日本語を話している。『日本映画人名事典　男優篇』の「藤村有弘」の項には、次のように記されている。

……英独仏露に加えて中国語、スペイン語を一応それらしく使いわけてしゃべるという特技が単なる珍芸に終わらず、都会的で軽妙な芸の核心となっている。こうした芸質が日活プログラム・ピクチャーの都会性と調和し、とくにいわゆる無国籍アクションの全盛期には彼の演じる奇怪な殺し屋、悪玉は、その無国籍の象徴ともいうべき存在であった。

（下巻・五五八頁。渡辺武信執筆）

次に示すのは、一九六〇年に公開された日活映画「拳銃無頼帖　抜き射ちの竜」（監督：野口博志）における中華料理のコックにして殺し屋の張（藤村有弘）の台詞である。この作品は、右の引用にも書かれている「無国籍アクション映画」と呼ばれた作品の一つで、白昼で堂々と銃撃戦が行われるなど、日本国内にしては現実離れした設定のギャング映画となっている（四方田二〇〇〇参照）。なお、「竜」は赤木圭一郎、「銀」は宍戸錠が演じている。ここでは、「である」の位置に「ある」が用いられている（「ある」語法）。

竜「何しやがんでい」

張「あんた（あんだ）の手相、申し分なくいい手相してる。まとも（まども）でゆけば、あんた王者になれる。あんた「抜き打ちの竜」さんあるでしょ？」

竜「俺はそんなに王者の相かい」

張「わたし（わだし）一目見ればすぐわかる」

銀「インチキ手相に乗るなよ竜。俺がさっきお前のことを話したんだ」
張「私の手相、ウソないよ。あんた(あんだ)の手相、いちばんタチ(たじ)のよくない手相してる。この人の手相、いい星してる」
銀「じゃお前のは何だ」
張「わたし(わだし)の手相? ふん、私は名コックの相してる。それが証拠にこの店の料理は、あんた、銀座《ぎんざ》でいちばんの味してるよ」

(「拳銃無頼帖 抜き射ちの竜」日活DVN―41)

「喜劇 駅前飯店」

コメディの分野では、一九五四年の「七変化狸御殿」(監督:大曽根辰夫・主演:美空ひばり)の長崎・異人館のシーンで清朝時代の中国人らしき人物が登場するが、片言日本語ではあっても〈アルヨことば〉ではなかった。

特筆すべきは、一九六二年の「喜劇 駅前飯店」であろう。この作品について、門間貴志「朝鮮人と中国人のステレオタイプはいかに形成されたか」(二〇一〇)は次のように書いている。

在日華僑を描く映画はそれほど多くない。(中略)一方、久松静児監督の『喜劇 駅前飯店』(一九六二)の主人公たちである横浜華僑たちは、強烈なステレオタイプともなっている。中国料理店コックの徳清波(森繁久彌)、横浜中華街のラーメン屋の孫五林(伴淳三郎)、貿易商の周四方(フランキー堺)、床屋の珍屯謝(三木のり平)らはみな中国訛りの滑稽な日本語を操ってステレオタイプの強化に努めているが、公開当時の宣伝用プレスシートでは、中国人に対する差別に受け取られないように片言の日本語を宣伝では控えることが指示されている。孫と日本人妻とめ(乙羽信子)との間には、娘の久美子(大空真弓)と息子の健太郎(高橋元太郎)がおり、彼らは完全に日本人として振る舞っており、アメリカ映画『フラワー・ドラム・ソング』(一九六一)のように、移民二世のアイデンティティに悩む様子は全く見られない。映画には在日華僑の歴史性に対する配慮は感じられず、彼らを風変わりな人物として起用しているだけに見える。　(一五〇―一五一頁)

この作品では露骨な「ある」語法、「よろしい」語法は見られないが、在日華僑一世の登場人物すべてが、感動詞「あいやー」、助詞の脱落、促音・長音の脱落、清音・濁音の誤り、「心配ないのこと」など助詞「の」の過剰使用など、中国人にありがちと思われている片言的なしゃべり方をしている。なお、徳清波役の森繁久彌は、多様な才能を持つ俳優であり中国人のものまねも達者であるが、森繁自身満洲からの引き揚げ者であり、満洲では満洲映画協会の仕事に携わっていた（谷山一九九五参照）。

こいつは インチキだぞ けらいども だまされるな
ばかいえ にせはこっちだ
どっちがにせ あるか かけ するよろしいな
よろしいある 負けた方 ラーメンおごるか

手塚治虫『ぼくの孫悟空』(64頁)

手塚治虫

ここでマンガに話を移そう。戦後の日本のマンガ界にもっとも強い影響を与えた手塚治虫（一九二八―八九年）の作品にも、〈アルヨことば〉は現れる。管見に入った限りで早いものとしては、西遊記を漫画化した「ぼくのそんごくう」（一九五二―五九年、『漫画王』に連載。単行本収録時に『ぼくの孫悟空』と改題）がある。西遊記であるから、基本的に中国人がたくさん出てくるわけだが、八つほどのシーンで〈アルヨことば〉が確認される。すべて役名のない、身分の低いその場限りの脇役ばかりである。ほとんどすべて、ドジョウ髭を生やしていて、傍観者的にとぼけた台詞をしゃべっている。逆に、重要な人物で〈アルヨことば〉を話している人物はいない。

手塚治虫『三つ目がとおる』(149 頁)

手塚治虫
『七色いんこ』
(196 頁)

「どっちがにせあるか　かけするよろしいな」
「よろしいある　負けた方ラーメンおごるか」
(『ぼくの孫悟空』六四頁)

また、手塚作品の主要なキャラクターの中では「金三角」が〈アルヨことば〉を話す。禿げ頭で黒めがねで鼻ヒゲをはやした、いかにも悪人面の中国人風の人物である。「鉄腕アトム」〈十字架島の巻〉(原題「十字架大陸の巻」、一九五八年『少年』連載)、〈人工太陽球の巻〉(原題「火の壷島の巻」、一九五九—六〇年『少年』連載)にも登場するが、このときは〈アルヨことば〉は用いていない(〈十字架島の巻〉では金の子分が〈アルヨことば〉を使っている)。金三角が〈アルヨことば〉を使っていることが確認できるのは、

「三つ目がとおる」〈暗黒街のプリンス〉(『週刊少年マガジン』一九七六年四月一八日号掲載)と、「七色いんこ」〈化石の森〉(『週刊少年チャンピオン』一九八一年七月三日号)であった(ちなみに、「金三角」のモデルは、手塚の幼なじみで大阪の老舗時計店の社長であり、れっきとした日本人である)。


金「そこの女ここへこい　プリンスの相手をするよろしい」

「おまえプリンスのお目にとまったあるぞ」

(『三つ目がとおる』一四九頁)


金「ウワハーッ　なにあるかこれ…!!」

「あにき〜っ　こ　こ　これ妖怪ある〜ッ」

(『七色いんこ』一九六頁)


手塚治虫は子供時代、田河水泡の熱狂的なファンであり、手書きの模写ノートまで作っていた(対談「のらくろとアトム」一九六七年)。手塚治虫および、彼に歳の近いマンガ作家は、まちがいなく田河水泡、特に「のらくろ」シリーズの影響を強く受けており、〈アルヨことば〉はその影響下で継承されたと考えられる。

石ノ森章太郎「サイボーグ009」

次に、影響力の強い作家・作品として、石ノ森章太郎(一九三八―九八年。当時、石森章太郎)の「サイボーグ009」(一九六四―九八年。作者の死去により未完のまま終結)を取り上げる。この作品では、九人＋一人というチームが、それぞれの個性を発揮しながら協力し、また時には対立もしながら、敵と立ち向かうという枠組みが採用されている。作品のおもしろさは、まずこの一〇人の登場人物の個性の書き分けにかかっているといっていいであろう。設定として面白いのは、一〇人の国籍がばらばらであり、日本人読者の人種・国籍ステレオタイプがうまく利用されているという点である。登場人物の国籍・出自は次のようである。

001…ロシアの幼児にして天才児、超能力者
002…ニューヨーク・ウエストサイドの不良少年
003…フランスのバレリーナ
004…東ベルリンの反政府主義者
005…インディアン(ネイティブアメリカン)のカウボーイ
006…中国人の料理人
007…イギリスの元シェークスピア俳優
008…アフリカの元奴隷、野生動物の監視官

……あ
そうやった
アルな
えーと
わてのいい
たいのは
あるくのは
にがてやいう
ことアルよ

石ノ森章太郎『サイボーグ 009』4(61 頁)

009…日本人の母と国籍不明の父との間に生まれた混血児であるカーレーサー

ギルモア博士…ハーバード大学出身のサイボーグ研究者

これらのキャラクターでいま特に注目するのは、むろん006こと「張々湖《ちゃんちゃんこ》」である。彼は世を忍ぶ仮の職業としては中国レストランのオーナー・コックを務めており、サイボーグとしての超能力は、口から火を噴いて何でも焼きつくすというものである。火を吐くという能力は中華料理の厨房からの連想であり、また一方で手品師の連想をも呼ぶ。その容姿は、ずんぐりむっくりした体格、曲がった足、小さい目、団子鼻、小さい髭、渦を巻いた前髪など、アジア人的特徴が描き混まれている(吉村二〇〇七参照)。

「……あ　そうやったアルな　えーと　わてのいいたいのは　あるくのはにがてやいうことアルよ」

(『サイボーグ009』四、六一頁)

彼はまた「おそろしい世の中にならはったあるなあ」のように、やや関西弁の混じった〈アルヨことば〉を話す。なお、マンガのヒットを得て企画された劇場版アニメーション「サイボーグ009」(監督：芹川有吾、一九六六年)および「サイボーグ009 怪獣戦争」(監督：芹川有吾、一九六七年)で藤村有弘が006の声優を演じたのは偶然ではない。当時、中国人キャラクターといえば誰しも真っ先に藤村有弘を思い出したのである(門間二〇一〇参照)。

前谷惟光「ロボット三等兵」

『ロボット三等兵』は、前谷惟光(一九一七―七四年)によるマンガ作品である。第二次世界大戦中の日本陸軍を思わせる軍隊に、三等兵(実際には存在しない、最低の階級)として入隊したロボットが巻き起こす騒動を描いている。前谷自身、一九三九年に陸軍に召集され、中国、ビルマ戦線を転戦して、九死に一生を得て帰国した。本作品中では、作者の戦争体験をそのまま投影したというより、ギャグと皮肉をまぶして、批判性に富んだ笑いの作品にしている。本作品はまず貸本単行本として寿書房から一九五五年から五七年にかけて全一一巻が出版され、その後『少年クラブ』(講談社)にて一九五八年六月号から六二年一二月休刊号まで連載された。一九九五年にはアース出版局から貸本版が

前谷惟光『ロボット三等兵（上）』(316頁)

全三巻、二〇〇七年にはマンガショップから同じく貸本版が全三巻でそれぞれ再編集されて復刻されている（『現代漫画博物館』、マンガショップ版『ロボット三等兵』およびWikipedia 参照）。

中国兵「隊長たいへんあるよ　日本軍がきたある」
隊長「しんぱいするな　道におとし穴がほってあるからおっこち《(ママ)》やうよ」
(A・二〇三頁)

中国兵「それはテンホー」
ロボット「敵前渡河《てきぜんとか》をするのだからその板をかしてもらいたい」
中国人「タメタメ」
ロボット「そんないじのわるいことといわないでたのむ　日本軍の勝敗にかかわることなのだ」
中国人「それじゃ買うよろし」
ロボット「がっちりしているないくらで売るんだ」
中国人「一万円あるよ」
ロボット「とても三ト兵の給料では買えないよ」
中国人「不景気あるね」
(B・三一六頁)

これらの例では、「ある」語法、「よろしい」語法のほか、「テンホー」という満洲ピジンの単語が用いられていることが分かる。また、「タメタメ」(=だめだめ)のように濁音の清音化で音声的なリアリティを表現している。

その他のマンガ(一九八〇年代)の中国人キャラクター

少女マンガの世界からも一つ例を挙げておく。一条ゆかり「有閑倶楽部」(一九八一年、『りぼん』で連載開始)の一エピソード「香港より愛をこめての巻」に登場する、香港シンジケートのボス・茅台《マオタイ》である。

茅台「わたしイタリアハゲにばかにされたあるよ　客分のくせしてなまいきある　わたしはじかいたね」「さっさと白乾児《バイカル》とマイクロフィルム持ってくるよろし」

(『有閑倶楽部』六、六頁)

一条ゆかりは一九四九年生まれのマンガ家で、六〇年代終わりから七〇年代の半ば頃、少女マンガの画風の発展に影響を与えたと言われる。『有閑倶楽部』は彼女の最大のヒット作で、一九八一年『りぼん』で連載を開始、以後掲載誌を換えながら不定期で連載が続けられた。あらすじは以下の通り。

聖プレジデント学園の高等部生徒会の面々は学園でも屈指の権力と能力を持ちながら、生徒会らしいことは何一つせずに暇を持て余していた。いつしか教師や生徒から「有閑倶楽部」と呼ばれるようになった彼ら彼女らは、学業もそこそこに大小さまざまな事件に首を突っ込み、さまざまな出来事に関わっていく。

さっさと白乾児《パイカル》と
マイクロフィルム
持ってくるよろし
わたしイタリアハゲに
ばかにされたあるよ
客分《きゃくぶん》のくせして
なまいきある
わたしはじかいたね

一条ゆかり『有閑倶楽部』6(6頁)

登場人物はすべてお酒の名前から付けられている。香港のマフィアである茅台も、当然マオタイ酒から取られた名前である。典型的な中国服をまとい、どじょう髭を生やしている。「ある」語法、「よろしい」語法に加えて「ね」語法(後述)が用いられている。

「ひょっこりひょうたん島」

次に取り上げるのは、NHKで一九六四年から六九年にかけて放送された人形劇ミュージカル「ひょっこりひょうたん島」である。原作者は劇作家・小説家の井上ひさし(一九三四—二〇

「ひょっこりひょうたん島 vol. 3 海賊の巻」DVD(中央左がトウヘンボク)

一〇年)と、児童文学者で児童番組を多く手がけた山元護久(一九三四—七八年)である。音楽は宇野誠一郎、人形デザインは片岡昌、人形出演はひとみ座である。声優には藤村有弘、熊倉一雄、中山千夏、増山江威子、楠トシエ、滝口順平、若山弦蔵、谷幹一という、当時の錚々たる声優界のスターがそろっていた。あらすじは次の通り。

> サンデー先生率いる子供たちの一行がひょうたん島に遠足に来ると、折からの火山噴火の影響でひょうたん島は岸を離れて大海原に漂い出した。そこにドン・ガバチョ大統領、海賊トラヒゲ、ギャングのダンディといった怪しげな面々が次々と現れ、大騒動が次から次へと子供たちに降りかかる。

中国人キャラクターは、海賊ガラクータ率いる四人の海賊の中の一人、トウヘンボクである(声優は柳沢真一)。伝統的な中国風の衣装をまとい、細いつり目で、ドジョウ髭を生やしている。トウヘンボクの自己紹介の台詞を引用する。

トウ　生まれは
チュウゴクあるよネ
わたし
じょうずは
チュウゴクりょうりネ
ワンタン
チャーシュー
スブタに
ギョウザ……
とくべつうまいは
ラーメンあるよネ
そこらのラーメンと
ちょとちがうよ
食べてびっくり
したおちるネ

（ト書き略）

トウ　これ、ほんとよネ。わたし、まえ、チュウゴクのひろいひろーい大草原で、馬賊してたネ。馬賊……ほれ、パカパカパカ、馬にのって、村や旅人、襲撃するの仕事……そのころ、馬賊の頭《かしら》、元オヤブン、わたしに云ったね。おまえのつくるラーメン、うまいあるよってね……アイアイ、できた、特別料理、海の水でひやした、冷しラーメン。塩も、チョッピリきいて、うまいあるよネ。イー、リャン、サン、スウ……四人分ある……どれ、みなに、晩ごはんのこと、知らせるね。

（一二八―一二九頁）

ここでは、伝統的な中国人の意匠に加えて、中華料理、特にラーメンがキャラクターを際立たせるそのアイテムとして提示されている。「アイヤァ」という感動詞も用いられる。また馬賊のことに触れられていることが、満洲の面影をわずかに感じさせる。このほかの台詞では、麻雀のイメージも取り入れられている。当時、日本の成人男性の間で広く流行していた麻雀も、中国を連想させるアイテムの一つであった。

言語的には、「ある」語法が用いられているが、「よろしい」語法がほとんど見られない。その代わりに、「ね」語法とでも言うべき、終助詞「ね」の多用ないし拡張用法が見られる点が注目される。助詞の省略や、促音の省略も見える。後述するが、八〇年代以降の中国人風訛りからは「よろしい」語法がまず衰え、つぎに「ある」語法も薄らいでいって、「ね」の多用が目立つようになるのである。その先駆的な運用であると言えよう。

ゼンジー北京

マンガ以外の世界で、怪しい中国人イメージを利用した人物として、奇術師の「ゼンジー北京」を挙げておく。れっきとした日本人であるが、〈アルヨことば〉に近い訛った日本語を駆使し、「種も仕掛けもちょとあるよ」といった人を食った話芸を交えながら怪しい手品を見せることで人気を博した。特有の語り口は、「たまたま事務所の隣が中国料理店で、そこの店員の喋り方を真似たもの」ということで、極度のあがり症を克服するための方便であったらしい(Wikipedia 参照)。一九六三年に独立し、新花月や角座に出演したということであるが、中国人風の片言の演出も、この頃であろう。次の引用は、一九八六年放送の番組「お好み演芸会」から採っている。

ではここで皆さんに質問ある。これの裏っかわ、タテかヨコかわかるか。

ヨコ。あなたは、ひげのお兄さんは。
ナナメ。今日、酒飲んでないか。大丈夫か。
(客「ナナメ」)
タテとヨコとナナメ。
ところがこの裏っかわはタテでもヨコでもナナメでもない。
これがほんとの裏っかわというわけね。
はい、こういう目の錯覚でした。
どうもありがとうございました。シェイシェイ。

服装や仕草や、怪しげなマジックを怪しげに見せる様子は、戦前の「支那手品」を想起させるだろう。言語的に見ると、「ある」語法は思いのほか少なく、また「よろしい」語法もほとんど見られない。その代わり、「〜ね」「〜な」という終助詞の使用は目立つ。なにより、客に話しかける際も、最後のあいさつを除いてほとんど常体(ため口)である点が特徴的である。また促音の脱落など、音韻的な特徴でリアリティを演出しているとも言える。

中国イメージをめぐる国内・国外情勢の変化

日中戦争終結後、中国では国共戦争が引き続き、国民党軍と人民解放軍が激しい戦闘を続けた。大陸では人民解放軍が勝利を収め、一九四九年に中華人民共和国が成立した。蔣介石率いる国民党は台湾に渡り、同年に台北での執務を開始した。日本人にとって中国は再び近くて遠い国となり、中国イメージは戦前の大衆文化にあふれていた清国のイメージを引き継いでいた。中国と言えば辮髪、ドジョウ髭、中国服、連想するものは手品や中華料理、しかもその中華料理はラーメン、チャーシューなどのいわゆる大衆中華料理の域を出ない。

さて、戦後日本の社会情勢に目を移そう。六〇年代になると、日本で学生運動が盛んとなり、左翼思想が若者の間で流行し、共産党支配の中国に対するイメージが好転した。七〇年代になると、キッシンジャー米国国務長官の極秘訪中、ニクソンの訪中宣言、ピンポン外交、田中角栄総理大臣による日中国交正常化等によって、日本人の中国に対する心理的距離が一気に縮まった。一九七八年には、日中平和友好条約が締結された。しかし中国国内では文化大革命が進行しており、大量の粛清等悲惨な状況が展開されていたが、日本ではその実態を知る人がほとんどいなかった(馬場二〇一四参照)。

「幽玄道士3」DVD（劉致好演じるテンテン）

中国イメージを塗り替えるのに強い影響力を与えたのが、香港を中心とする中国映画であった。七〇年代初頭のブルース・リー、七〇年代後半以降のジャッキー・チェンによるカンフー映画が特に重要である。中国人を描く際のコスチュームとして、中国式の道着やブルース・リーばりのスエット姿が加わった。

八〇年代に入っての「霊幻道士」シリーズ、「幽玄道士」シリーズ等のいわゆる「キョンシー」ものも影響力があった。「幽玄道士」では、テンテンという美少女が活躍するが、そのイメージは日本のオタク文化にも強く影響した。すなわち、「チャイナ少女」のキャラクターである。

チャイナ少女の登場——〈アルヨことば〉とジェンダー

六〇年代までの、〈アルヨことば〉を話す中国人イメージで特徴的なのは、そのほとんどが成人男性であるということである（「喜劇 駅前飯店」の、森光子が演じる偽占い師は数少ない例外）。これは、二〇世紀初頭の「山男の四月」以来、〈アルヨことば〉が中国人の行商人、手品師、労働者、料理人といった、下層の職業人とともに発生・成長していったことと関連するであろう。手塚治虫、石ノ森章太郎、前谷惟光、井上ひさし、一条ゆかりといった作家たちは、いずれも戦前か戦後まもなくの生まれで、戦前の大衆文化の中で育った人たちであるゆえに、〈アルヨことば〉はこうした下層社会の男性のイメージと強固に結びつけられていたのだ。

鳥山明『Dr. スランプ』5（196 頁）

一九八〇年以降での〈アルヨことば〉話者の表現として、それ以前にない傾向を挙げると、美少女キャラクターが付け加えられたことである。これをチャイナ少女と呼んでおこう。チャイナ少女の早い例として、鳥山明（一九五五年生まれ）作の「Dr.スランプ」（一九八〇―八四年『週刊少年ジャンプ』連載）を挙げることができる。摘鶴天《つんつるてん》一家は、UFOに乗って中国の奥地から宇宙目指して旅立つが、アラレちゃんに打ち落とされて墜落、ペンギン村に住み着くことになる。彼らのことばは〈アルヨことば〉で、かつシの音がチとなる訛りを持っている。当主の鶴天は伝統的中国帽・中国服にドジョウ髭、縁の太いめがねという古風な中国人のステレオタイプに属している。「怪しい中国人」の系譜を引いているとも言える。奥さんの摘詰角田野廷遊豪《つんつんつのだのていゆうごう》は妖艶なチャイナドレス、長男の突詰《つくつん》はカンフーの達人でカンフー服を着ている。そして長女の鶴燐《つるりん》はサイコキネシスを使う超能力少女で、頭に髪を丸めたお団子を二つつけたかわいい容姿を持っている。この鶴燐の造形は、後のチャイナ少女の表現に大きな影響を与えた。

鶴燐「わたちたちアラレちゃんのとなりきた摘《つん》一家ある　よろちく」

（『Dr.スランプ』五、一九六頁）

高橋留美子「らんま1/2」

次に重要と思われるのは、高橋留美子（一九五七年生まれ）作の「らんま1/2」（一九八七―九六年『週刊少年サンデー』連載）である。そもそも主人公のらんまは、父に連れられて修行に赴いた中国の奥地で、泉の呪いにかかって、男の体と女の体の間を行き来する奇妙な身体を持つことになるのだが、その中国の表現の中で、ガイドの中国人の男が出てきて〈アルヨことば〉を話す。そして単行本第四巻（一九八八）からは、「女傑族」の少女シャンプーが登場する。第四巻のシャンプーは、中国語と、電報文のような片言を話して

高橋留美子『らんま$\frac{1}{2}$』5(95頁)

いたのだが、いったん帰国して第五巻(一九八八)で戻ってきた時には、〈アルヨことば〉を話すようになっていた。なお、シャンプーが〈アルヨことば〉を話すのに、その曽祖母であるコロンは、「たいしたもんじゃのー、婿どの。」のような〈老人語〉を話す(〈老人語〉については金水二〇〇三参照)。このことについては、作中で一応コロン自身が説明している(依田恵美氏のご教示による)。

かすみ「日本語お上手ですね。」
コロン「だてに百年生きとらんわ。」
なびき「へ〜 見かけよりず〜〜っと若いのね。」　(五、九三頁)

また、シャンプーの幼なじみのムースも中国人であるはずなのに、ピジンは話さない。これらの点から見て、シャンプーの〈アルヨことば〉は中国人の役割語であるに留まらず、チャイナ少女としての属性であり、さらにシャンプーという個人の属性として設定されて

高橋留美子『らんま½』5(129 頁)

いることが分かる。

なお、高橋留美子の書くピジン日本語には、「ある」語法、「よろしい」語法等の文法的特徴だけでなく、「しまった」が「しまた」に、「どうした」が「どした」になる等、促音・長音の脱落が見られ、リアリティを増している。

「最近は呪泉郷《チョウチュアンシアン》の利用者ふえたある。」

「どしたことかな。」

（五、九五頁）

コロン「たいしたもんじゃのー、婿どの。」

シャンプー「女装だと思いこませてしまたある。」

あかね「すごいっ!!　すごい口車だわ、乱馬!」

コロン「しかし、しょせんは女の身。ムースに勝てるかのう。」

ムース「おのれのいいたいことはよくわかった。」

（五、一二九頁）

二〇〇〇年代のチャイナ少女

二〇〇〇年代の今日も、ピジンを話すチャイナ少女の造形は存在する。雷句誠の「金色のガッシュ!!」(二〇〇一—〇八年『週刊少年サンデー』連載、アニメのタイトルは「金色のガッシュベル!!」)に登場するリィエンがそうである。リィエンの父や、パートナーの魔物であるウォンレイはピジンではなく普通の話し方をする。ここでも、チャイナ少女と〈アルヨことば〉という属性が強く結びつけられていると言えるだろう。

雷句誠『金色のガッシュ!!』8(26頁)

リィエン「どーゆうことある!? ウォンレイをドコにやったあるか!? お父さん!!!」

父「フン、おまえの知らないところだ、リィエン。」

リィエン「だから、その場所を聞いてるある!!! 答えて!!!」

父「………リィエン… 奴は…人ではない。 だから引き離した…わかるな?」

リィエン「く… いいえ! 私の相手が誰だろうと、お父さんは引き離してきたある!!」

父「フン…ワシはそんなことをした覚えはない。」 (『金色のガッシュ!!』八、二六頁)

また、空知英明の「銀魂」(二〇〇四年―『週刊少年ジャンプ』連載)の登場人物、宇宙人である夜兎《やと》族の娘「神楽」も該当する。普段は〈アルヨことば〉を話すが、標準語や関西弁風の台詞を話すときもあり、〈アルヨことば〉は演技である可能性も示されている。「チャイナ少女」という造形のパロディという見方もできるであろう。

神楽「私 戦うの好き」

「それ 夜兎の本能…否定しないアル」

「でも私 これからはその夜兎の血と戦いたいネ」 (一、一〇七頁)

なお、フジテレビ系列のお笑いバラエティ「はねるのトびら」で二〇〇六年から登場した回転SUSHIというゲーム・コーナーでは、漫才コンビ・北陽の虻川が「アブチャン」という役名で、チャイナドレスを着て登場し、「また有名人に似てるって言われたあるよ」など、ピジンを話している。「アブチャン」の「チャン」は、映画「グリーン・デスティニー」(監督：アン・リー、二〇〇〇年)などで注目された中国系女優チャン・ツィイーのもじりで、アブチャンの登場シーンではチャン・ツィイーが起用されたシャンプーのCM音楽が流される。

空知英明『銀魂』1(107頁)

小林薫「CHINA GIRL(チャイナ・ガール)」(一九八五—九〇年月刊『ASUKA』その他に連載)は、井の頭学園高校に突如転校してきた香港の大財閥の後継者・張芳蘭《チャンファンラン》をめぐるドタバタを描くコメディである。芳蘭は「ある」語法はわずかで、主に「よろしい」語法と「〜のこと」という文末表現を用いる。〈アルヨことば〉を話すという制限を外せば、チャイナ少女の表現はもう少し広がる。上田トシコ「フイチンさん」(一九五七―六二年『少女クラブ』連載)は極めて早い例であるが、戦前のハルビンが舞台ということもあって、ピジンは一切登場しない(上田トシコ自身、満洲からの引き揚げ者である)。

あさぎり夕「ミンミン!」(一九八九―九二年『なかよし』連載)は、チャイナドールに姿を変えられた妖精の恋物語を描くマンガである。かわいいが、ドジで一途なミンミンは、「あちし」というやや非標準的な一人称代名詞を使用する以外は、元気な女の子としての日本語を話すだけである。石ノ森章太郎原作のテレビドラマ「魔法少女ちゅうかなぱいぱい!」(一九八九年、フジテレビ系列)とその続編「魔法少女ちゅうかないぱねま!」(一九八九年、フジテレビ系列)はテレビドラマであるが、ヒロインは中華魔界の出身という設定で、チャイナ少女の扮装をしているものの、ピジンの使用はない。また、カプコン制作のゲームソフト「ストリートファイターⅡ」(一九九一年―)に登場する「春麗《チュンリー》」、セガ制作の「バーチャファイター」(一九九三年―)に登場する「パイ・チェン」というキャラクターも、強い印象を与えるチャイナ少女と言える。

以上に列挙してきたチャイナ少女キャラクターは、アマチュア愛好家の「お絵かき」素材として、もはや定着していると言っていい。例えば、Google などの検索サイトで「チャイナ少女」「チャイナ服」「チャイナドレス」「チャイナドール」等のキーワードを入力すれば、チャイナ少女を描いたたくさんのお絵かきサイトが表示される。「らんま1/2」のシャンプーや、「金色のガッシュ!!」のリィエンのように、大人や男性は普通の日本語を話すのに、少女だけがピジンを話すという設定は、かわいらしい異国の少女がたどたどしい日本語を話すという、ある種の知的欠損感が、見る者のセクシュアリティに訴えるところがあるのかも知れない。なお、マンガ、アニメ等に現れるカンフーにまつわるキャラクターは少女に限定されず、青年、老人も目立つが、〈アルヨことば〉を使用するのは少女キャラクターに偏ると言える。

美少年と〈アルヨことば〉

本書刊行時点で、おそらくもっとも濃厚な〈アルヨことば〉を使用し続けている作品は、日丸屋秀和の「Axis Powers ヘタリア」シリーズであろう。本作品は作者のウェブサイトで公開されていた四コママンガが出発点で、やがて幻冬舎から二〇〇八年に『Axis Powers ヘタリア』として商業出版され、『Axis Powers ヘタリア2』以降も刊行され続けている。さらにアニメ化やキャラクターCDも公開・販売されている。

本作品は、欧米、日本、東アジア等の国家をそれぞれ擬人化してキャラクターとし、史実や時事問題を踏まえたマンガとして見せるものである。登場する国家＝キャラクタ

日丸屋秀和「Axis Powers ヘタリア」(口絵)

ーはほぼすべて美少年・美青年の姿をとっている。中国は、伝統的中国服や人民服風の服装であるが、髪は長く、後ろで軽く束ねている。つり目や辮髪やドジョウ髭といった伝統的な表象はまったく用いられていない。その言語は、「ある」語法や「よろしい」語法を連発している。

（各国のクリスマスを話題にするシーンで）
中国「ツリー飾るの禁止されたある　法的に」
影の声「え…そうなの…？」
中国「そうある…　燃えやすいから禁止されちまったあるよ…」
「香港に教えてもらってやるようになったあるが…」

「なんか微妙に違う気がするあるよ…」
「あとピザ食うある！」

（『Axis Powers ヘタリア2』口絵）

さらに特徴的なのは、「〜じゃねーある」「落ち着けある」など、従来の〈アルヨことば〉ではあり得ない要素にまで「ある」が付加されている点である。

中国「お前ら　いつまでたってもガキのまんまじゃねーあるか」
　「少しは大人になるよろし」
　「菓子やるからこれでも食って落ち着けある」　（『Axis Powers ヘタリア』口絵）

すなわち従来「ある」語法は、

●存在を表す（例「質問ある」）
●「〜だ」「〜である」の位置に用いる（例「これ本当ある」）
●動詞・形容詞等の原形の後ろに付加する（例「これ安いある」）
●「〜た」「〜ない」等、時制・否定の助動詞の後ろに付加する（例「わたし知らないある」）

という範囲に留まっていたが、「訛った否定辞」さらには「命令形」の後ろにまでついている。定延（二〇〇七）では、存在や「〜だ」「〜である」の位置に現れるキャラクターを表す語尾を「キャラ・コピュラ」と呼び、発話の終わりらしい終わりの位置に現れるものを「キャラ助詞」と呼んでいるが、『ヘタリア』シリーズの「ある」語法は、キャラ助詞としての度合いが究極まで進んでいると言えよう。

〈アルヨことば〉に代わる中国風訛り

このように、いまだに日本語話者に広く共有されている〈アルヨことば〉であるが、特徴が強く、また実態とかなり違っている(今日、現実世界ではまったくと言っていいほど聞かれない)が故に、ポピュラーカルチャーの世界でも〈アルヨことば〉は非現実的、あるいは冗談っぽく響くようになってきていると言える。『Axis Powers ヘタリア』シリーズでは、擬人化マンガであるので多少特徴が強すぎても成立すると言える。

次に、〈アルヨことば〉が冗談めかして用いられている例を見よう。荒川弘の『鋼の錬金術師』第八巻では、中国を想起させるシン国のリン・ヤオというキャラクターが登場するが、その台詞は片仮名の特徴ある使い方で訛りを思わせるという巧みな処理がなされている。図版のシーンでは、リン・ヤオが外国人であることを逆手にとって言葉が分からないふりをして逃げる最中に〈アルヨことば〉をことさらに用い、主人公の弟の〝アル〟に「「アルヨ」!?」といぶかしがられている。

ヤオ「ワタシコノ国ノ言葉ワカランアルヨー！　サイナラー！」
エド「速ぁっ!!!」
アル「「アルヨ」!?」
（『鋼の錬金術師』八、一五七頁）

荒川弘『鋼の錬金術師』8(157頁)

中国人の発話のリアリティを増すため、「あるよ」の代わりによく用いられるようになったのが、「〜ね」という終助詞である（「ね」語法）。二〇〇八年五月六日の『朝日新聞』に掲載されたやくみつるの時事マンガで、胡錦濤が「暖かい春ネ」と言っている作品がある。柴門ふみ『九龍《カオルーン》で会いましょう 上』（二〇〇〇年）では、「女、男待たせる、ソレ、ＯＫね in香港。」（一八頁）と言っている。野中のばらの旅行ガイド・マンガ『たびたびあじあ 上海』（二〇〇七年）では、「2004年にリニア走るネ　そしたらバスで40分かかるトコ5分で行けるネッ」（二八頁）と言っている。これらはすべ

女、男待たせる、
ソレ、OKね in香港。

柴門ふみ
『九龍で会いましょう 上』
(18頁)

2004年にリニア走るネ そしたら バスで40分 かかるトコ 5分で行けるネッ
ちなみに今は2002年
キラーン

野中のばら『たびたびあじあ 上海』
(28頁)

歓迎胡錦濤国家主席
パンダ貸与
「おしん」
青少年友好交流
暖かい春ネ
では、今回はこちらの3点セットを話題に
やく みつる

やくみつるの時事マンガ
(『朝日新聞』2008年5月6日)

て「今」の中国を描いた作品で、〈アルヨことば〉ではふさわしくないということなのだろう。一方で、片仮名で「ネ」を表記するなどしてこれが片言であることを示している（なお、この「ね」でさえ、現実の中国人の日本語話者はあまり使わない。これも一種の新しいステレオタイプであると言える）。

この章のまとめ

この章では次のようなことを述べた。

1　おおざっぱに言って、一九七〇年代までの〈アルヨことば〉を用いる中国人キャラクターは、戦前のイメージを受け継いだ「怪しい」「抜け目ない」「少し抜けている」等の属性を持った成人男性が主流であった。

2　付随するアイテムとしては、「中華料理（特にラーメン）」「手品」「マフィア」、加えて「馬賊」「麻雀」といった要素もあった。

3　八〇年代以降、〈アルヨことば〉の使い手として「チャイナ少女」が加わった。また、中国人にまつわるアイテムとして、カンフーが重要になってきた。

4　「ある」語法はキャラ・コピュラから出発しているが、二〇〇〇年代になるとキャラ助詞としての発達がいちじるしい。

5「現在の中国」を表現するキャラクターでは、すでに〈アルヨことば〉は避けられる傾向にある。「ある」語法、「よろしい」語法に代わって「ね」語法が多用されるようになった。

これらの状況を通して言えるのは、中国人キャラクターや関連するアイテムはほぼ日本国内のポピュラーカルチャーの中だけで継承・発展してきたということで、例えば満洲からの引き揚げを経験した後でも、「ポコペン」「テンホー」等のわずかな語彙を除いて、リアルな中国を反映するものではなかった。4、5の状況から見て、現在の日本のポピュラーカルチャーの中で、〈アルヨことば〉は衰退しつつあると見てよいように思われる。

次の終章では、中国における満洲ピジンその他、日中接触言語の影響を、抗日映画・ドラマを中心に見ていく。最後に、本書全体のまとめを行う。旅の終わりの始まりは一九五〇年代、再び中国へと向かうこととする。

終章　「鬼子《グイズ》」たちのことば

「鶏毛信」

中国語に「鬼子《グイズ》」という言葉がある。しばしば「日本鬼子《リーベングイズ》」という連語で用いられる。武田雅哉『〈鬼子《グイヅ》〉たちの肖像—中国人が描いた日本人—』(二〇〇五)によれば、〈鬼子〉というのは、日中戦争(一九三七—四五年)中、日本軍の兵士に対する蔑称であった。しかし死語というわけではなく、悪意をこめて日本人をいう場合、例えば反日感情をあらわにした文章や、抗日映画・ドラマの中でも、頻繁に耳にすることができるという(武田二〇〇五、四—五頁)。二〇〇〇年に、監督・出演に姜文、また日本兵捕虜役として香川照之があたり、その年のカンヌ国際映画祭グランプリを受賞した「鬼が来た!」も、原題は「鬼子《グイズ》来了《ライラ》!」だった。

この〈鬼子〉が登場するメディアとして、早い例では「連環画」と呼ばれる劇画の一種が挙げられる。連環画とは、連続する絵物語のことであり、日本でいえば、劇画や漫画に類するものである。武田(二〇〇五)によれば、中華人民共和国において国民に対する啓蒙、政治宣伝などの重要なメディアとなり、政府もこの様式を非常に重視した。それゆえに、中華人民共和国で刊行された連環画には、抗日戦争を題材としたものが、たいへん多いのである(一〇―一一頁)。

武田は、〈鬼子〉が登場する典型的な連環画として、『鶏毛信《ジーマオシン》』(華山原作、張再学改編、劉継卣絵、一九五〇年)を挙げている。この作品は、「一二歳になる羊飼いの少年海娃《ハイワー》が、抗日遊撃隊から托された「鶏毛信」(緊急の手紙)を、日本軍に捕まりながらも、智慧と勇気でかれらを出し抜いて、無事八路軍に届ける」というストーリーである。そしてこの作品には、多くの抗日作品に共通して登場する〈鬼子〉の特徴的な風貌が描かれている。すなわち、「ゆがんだ顔、目つきの悪さ、禿頭、団子っ鼻、ちょびヒゲ、猫背、デブなど」の特徴である。武田(二〇〇五)によれば、「これらは日本兵ばかりでなく、現代中国の物語においては、地主、国民党、反革命分子などの「敵」の図像に賦与された特徴であるという(一二頁)。

さらに興味深いのは、〈鬼子〉の話す奇妙な言語である。それは、日本語の単語混じりで、語順も日本式の訛った中国語である。

……日本兵は、たどたどしい中国語で、海娃が八路軍かどうかをたずねる。かれが「ちがう」と答えると、〈鬼子〉たちは、「実話的不説《シイオワディプーシユオ》、撕拉撕拉的《スラスラディ》」(ホントノコト、シャベラナイト、死ヌ死ヌ、ヨ)という。またかれらのために食べ物を探してきてやるというと、日本兵は笑って海娃の頭をなで、「良民的《リャンミンディ》、皇軍的良民的《ホアンチユンディリャンミンディ》、開路《カイロ》開路《カイロ》的《ディ》」(ヨキ民ジャ、皇軍ノ、ヨキ民ジャ、イクゾ、イクゾ)という。

(武田二〇〇五、一二一―一三頁)

『鶏毛信』は一九五四年に映画化された(石揮監督)。いわゆる「抗日映画」の代表的作品の一つである。筆者もDVDを見たが、海娃少年のピンチにはハラハラ・ドキドキするし、見事日本軍のトーチカが爆破されたときは、自分が日本人であることを忘れて「やった!」と声をあげそうになるほどの爽快感が感じられた。そして、猫眼と呼ばれる日本軍の隊長「久原」は、デブでちょび髭で出っ歯で、誰に対しても高圧的な、見るからにいやな人物である(門間一九九五参照)。映画の中での久山の台詞について、孫(二〇〇九)「中国映画の中の日本人像」では次のように書いている。

例えば『鶏毛信』では、日本軍幹部久原は、「おい、あの羊をもってこい。メシメシだ」「メシメシ殺せ」などと言う。これは羊を持ってきて日本兵が食べるために殺せという意味である。また、「カエロ」は、行け、行ってもよいという意味で使われる。『鶏毛信』の久原は、海娃の頭をぽんぽん叩いて、「良民だ、皇軍の良民だ、カエロ、カエロ」などと言う。これで海娃はその場を去ることが許されるのである。あるいは、軍曹は駆け寄ってきた手下の者に、「おい、おまえたち、とっととカエロ」と言い、また、海娃に対しては、「おい、カエロじゃないだろ！」などと言う。

そこでいう「カエロ」の意味は、行ってよしという意味である。（二〇二―二〇三頁）

このような、中国の抗日映画に登場する日本人が話すピジン風の言葉を仮に、〈鬼子《グイズ》ピジン〉と呼んでおこう。〈鬼子ピジン〉は、フィクションのために再構成された、擬製ピジンであるが、その源泉については想像に難くない。そう、第四章で取り上げた「満洲ピジン」にとてもよく似ているのだ。〈鬼子ピジン〉は、満洲および中国で用いられた日中接触言語の、中国人側の記憶から作られているという仮説が成り立つ。

〈鬼子ピジン〉の語彙と文法

二〇〇八年度、北京日本学研究センターから大阪大学に研究生として来日していた李珍さんは、年度末に「中国の抗日映画・小説における日本軍人の言葉」というレポートを提出した。このレポートでは、次の三作品を取り扱っている(李珍さんのレポートでは中国の簡体字が使用されているが、以下では読みやすさを考慮して日本で使われている字体で表記する)。

①（映画）石揮 監督（一九五四）『鶏毛信』上海電影制片廠
②（映画）任旭東 監督（一九六五）『地道戦』八一電影制片廠
③（小説）劉流 著（一九五八）『烈火金剛』中国青年出版社

李さんは、日本軍人に特徴的な言葉遣いを「生産性のないもの（語彙・言い回しの類）」「生産性のあるもの（語法的特徴）」「その他（語順、畳語・重複）」の三種に分けている。それぞれ次のようなものである。

● 生産性のないもの
「米西米西」（ミシミシ＝飯飯）、「死啦死啦」または「死了死了的有」、「八格牙路」（＝ばかやろう）、「花姑娘」、「開路」（＝帰ろ）、「統通」（とんとん）、「哈意」（＝はい）または「唔」（＝うん）

これらはすべて満洲ピジンや日本人がよく使う語彙と重なりあう。「花姑娘」は「ホワクーニャン」で、日本側の資料では「クーニャン」として出てくる。「花姑娘」は若い娘のことを指しているが、「遊女」を指すことばとも理解できるとのことである。

・生産性のあるもの（「〜的」および「〜的幹活」）

「〜的」については、満洲ピジンの例にすでに多く出ている。名詞（人称代名詞「我」「你」、普通名詞）＋「的」のほか、形容詞・動詞の後ろにも用いられ、文末にも現れる。

（日本人軍曹が中国人の子供に対して八路の情報を聞き出そうとしている）
毛驢太君以為這孩子是嚇傻了、於是又拉了拉他的手、拍了拍他的脳袋、説道：〝你的擡起頭来、我的看看、我的説話、你的明白？ 你叫甚麼名字？ 説話的、説話的。〟（烈火金剛）
（ロバ太君はこの子が驚いて口がきけなくなったかと思って、手を取って、頭を叩いてこう言った。「おまえは頭をあげろ。私は見る。私の言うことがおまえは分かる？ おまえは何ていう名前か言う？ 話せ、話せ。」）

（道端で、日本人軍曹が八路軍のことについて中国人の子供に聞いている）
おい、小孩、慢慢的。小孩、你的説話、小八路、恩？（鶏毛信）
（おい、君、ちょっと。君、おまえ話せ、小八路、だろ？）

（日本人軍曹の話）
這時候、猪頭小隊長凶狠地看了他們一眼、説了声：〝走的、開路開路的。〟（烈火金剛）
（そこへ、豚頭隊長は残忍な目つきで彼らを睨みながら、「行け、帰ろ帰ろ」と言った。）

「〜的幹活」について、李珍さんによれば、「的」は助詞であり、「幹活」は中国語では、「仕事をする、働く」という意味であるが、「〜的幹活」になると、単なる「仕事をする」という意味よりずっと広い機能を持っているという。例えば次の例を見られたい。

（日本人士官がある中国人の身分について質問する場面）
日本官児問：〝你的甚麼幹活？　実話的説、関係的没有　実話的不説、死了死了的有。〟
解文華剛想説：〝太君、我的小売買幹活。〟（烈火金剛）
（日本人役人は「おまえ、何をしている者だ。本当のことを言う、関係ない。本当のことを言わない、死ぬ死ぬある。」と言った。解文華は「太君、私は小売をするものだ」と言いたかった。）

「幹活」は、満洲ピジンによく登場する「幹活計《カンホージ》」と同根である。「幹活計」は満洲ピジンでは「仕事」の意味でよく用いられるが、抗日作品を見る限り、さらに文法的に抽象的な成分として発達していたことが分かる。

語順や畳語(重複させて用いる語)については、右に挙げた例に見える「関係的没有」(正しくは「没有関係」)「死了死了的有」(正しくは「有死了死了的」)のほか、次のような例を挙げている。

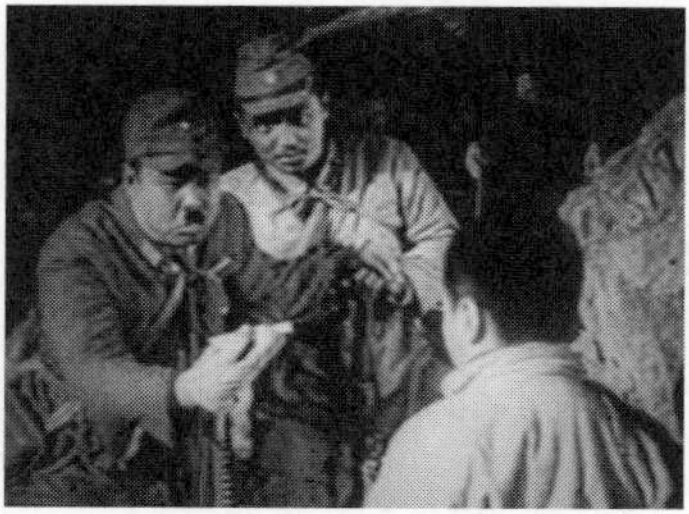

映画『鶏毛信』より，日本人将校がお菓子を差し出す場面

(日本人軍曹が村の人々に対して)

他把二虎拉出了人群、又対着大夥説：〃你們的看看。解二虎的頂好頂好、他的民兵隊長的幹活、我的不殺、心的一様。〃(烈火金剛)

(彼は二虎を引っ張り出して、みんなにこういった。「ほら、みろ、解二虎はテンホーテンホー。彼は民兵隊長だが、私は殺さない。心は一つだ。」)

なお李珍さんは、ここで扱った語彙をインターネットで検索したところ、多数のヒットがあったことを示し、これらの語彙が今なお中国でよく知られた語彙で

あることを述べている。

また筆者が『鶏毛信』を聞き取ったところ、日本軍の隊長が次のように発言しているのが聞き取れた。


(海娃《ハイワー》に八路軍の居所を聞き出そうとして)

八路《パーロー》的《ディ》、那《ナー》ベン的有《ディユー》、(中略)這個這個《チャカチャカ》、カンディ、大大的《ターターディ》、進上進上《シンジョーシンジョー》。

(八路軍はどこにいるか。(中略)これこれ、キャラメルだ。たくさんやるぞ。)


すなわち、満洲ピジンに現れた「なーべん」「ちゃか」「進上」といった語彙が用いられていたのである。

満洲ピジンの資料はほとんどが日本人の記録したものであったが、〈鬼子ピジン〉はいわば、満洲ピジンを中国人側がどのように聞き取っていたかと言うことの貴重な資料となるのだ。今後、抗日映画の〈鬼子ピジン〉と満洲ピジンをさらに詳しくつきあわせて研究していくことが、消滅した言語「満洲ピジン」の実態を明らかにしていく上で重要な作業となっていくだろう。

抗日映画・ドラマとステレオタイプ

劉文兵『中国抗日映画・ドラマの世界』(二〇一三)では、抗日映画・ドラマを「蔣介石時代の抗日映画(一九三二—四九年)」「毛沢東時代の抗日映画(一九四九—七六年)」「改革開放後の抗日映画」「テレビ時代の抗日ドラマ」の四段階に分けて論じている。「日本鬼《リーベングィ》子《ズ》」=残忍な日本兵のステレオタイプが固まったのは、毛沢東時代の抗日映画においてであると見てよいだろう。本書でも取り扱った、連環画を原作とする『鶏毛信』(一九五四)や、一八億人が見たと言われる『地道戦』(一九六五)もこの時代のものである。抗日映画に現れる日本兵のステレオタイプについて、劉氏は次のような指摘をしている。すなわち将校の外見的特徴として五分刈りの髪型、ちょび髭、口元を「へ」の字に曲げ、丸縁の眼鏡をかけるなどの姿が挙げられ、これは東条英機をモデルにしていると見られる。また、陸軍の略帽やかぶとの後ろにある帽垂れ(耳もとと襟もとを覆う布)も、日本兵のだらしなさや滑稽さを示す記号となっているとのことである。「帽垂れ」は、日本軍が南方や中国大陸での夏の日よけのために使用していたものなので、あらゆる地域のどんな季節においても日本兵が帽垂れを用いているのは、ステレオタイプ以外の何物でもない(一一三—一一五頁)。

孫雪梅「中国映画の中の日本人像」(二〇〇九)では、抗日映画の日本語の特徴的な表現として、「おまえたち、行け、食い物をもってこい!」「八路軍は、殺せ、殺せ」「おまえ、わかる?」「ガキ、八路軍はどこだ? おまえ話す、うそだ! スラスラだ!」「おまえ、なにする?」「良民証、あるか?」などの台詞が、日本語の語順で、しかも中国語として聞いても分かるような言い回しで話されている点を挙げている(例えば『鶏毛信』)。また、「ハイ」「メシ、メシ」「カエロ、カエロ」「バカ、バカヤロ」「ヨーシ、ヨーシ」など、日本語起源の語彙も多く聞かれる(例えば『鶏毛信』、『蒙根花』など)(二〇一一二〇二頁)。

連環画や抗日映画は、抗日戦線の士気を高める上で重要な戦略の一部であった。今日、テレビ時代となって抗日映画は抗日ドラマに取って代わられ、その政治的意味は当局にとって依然として重要視されているが、劉文兵によれば、抗日ドラマは娯楽性をあるていど追求せざるを得ず、アトラクションやドラマ性を強調するあまりリアルさを欠いて、批判されることもあるという。また今日の中国人にとって抗日ドラマは、日本で言う「水戸黄門」のようなものとも述べている。その中で〈鬼子ピジン〉はなお繰り返し用いられており、そのために「進上」「飯飯」「バカヤロウ」「帰ろ帰ろ」と言った語彙は若者にとってもなじみ深く、ネット社会の中で変形しながら用いられもしているのだ。失われたピジンが大衆文化の中で生きながらえている点で、〈鬼子ピジン〉と〈アルヨことば〉は似たもの同士、兄弟のような関係にあるとも言える。

なお、毛沢東時代の抗日映画では、悪役の日本人将校は中国人が演じた。その中には、方化や袁世海といった日本鬼子役として有名となった俳優もいた。改革開放後には日本人俳優が演じることもあり、中でも数多くの抗日ドラマに出演した矢野浩二は、俳優からバラエティ・タレントに転身して成功するなど、中国人にもっともよく知られた日本人となった（矢野浩二『大陸俳優―中国に愛された男―』二〇一二）。

横浜ことば、〈アルヨことば〉、満洲ピジン、〈鬼子ピジン〉の関係

ここでいよいよ、本書で取り扱った現実の片言やピジンと、フィクションに現れる擬製ピジン〈アルヨことば〉〈鬼子ピジン〉の歴史的な関係について整理することとしよう。

最初に発生したのは、「横浜ことば（横浜ピジン）」である。時は一八五九年の神奈川開港（＝横浜港）以降、場所は横浜その地である。アメリカ人、イギリス人、フランス人ら西洋人とともに、その使用人として中国人が居留地に住み着いた。彼らは「南京人」と呼ばれることが多かった。日本人と、西洋人、中国人がお互いの用を足すために用いたピジンが横浜ことばである。横浜ことばは「あります」語法、「よろしい」語法を持ち、

「たいさん」「ポンコツ」「ちゃぶちゃぶ」「進上」等の独特の語彙を含んでいた。そんな中で、*Exercises in the Yokohama Dialect* 改訂増補版(一八七九(明治一二)年)に含まれるNankinized-Nippon(南京訛り日本語)は、「ある」語法を持ち、中国人と結びつけられている点で、〈アルヨことば〉との関連がうかがえて重要である(第二章)。

ところで、「あります」語法、「ある」語法の起源についてはこれまで具体的に触れてこなかったが、どんなことが考えられるであろうか。これまで、「ある」語法については、北京方言の「儿《アール》化」(r化)と呼ばれる現象や、特定方言の「有」の使い方に起源を求める説があったが、必ずしもそう考える必要はないだろう。なぜなら「あります」語法の記録が「ある」語法のそれよりも先んじており、またもっとも古い横浜ことばの記録が日本人と西洋人とのやりとりの中で見られるからである。「あります」語法の起源については、「○○(が)あります」「○○(で)あります」という語法からまず「が」「で」という助詞が脱落し、さらに「あります」が一種の助動詞として拡張解釈されて動詞・形容詞の後ろに付く(「飲むあります」等)、という変化の過程を考えることができるのではないか。「あります」語法が完成した後、その常体バージョンとして「ある」語法が生まれた、と考えるのである。なお、横浜ことばと〈アルヨことば〉は「よろしい」語法を共有しており、またその他、語彙的にも共通するところがあるので、これらを同源と考えることはさほど難しくない。

さて、明治二〇年代以降、昭和の初め頃まで、横浜ことばに似た「あります」語法を含むピジンが小説などで多く用いられた。そこでは西洋人の台詞だけでなく中国人の台詞でも「あります」語法が使われていた（第二章）。

中国人の台詞に「ある」語法が使われたフィクションは、一九二一（大正一〇）年成立の宮沢賢治「山男の四月」が今のところ一番古い。擬製ピジンとしての〈アルヨことば〉の出来始めと言ってよいであろう。Nankinized-Nippon から四〇年余り隔たっているが、その間の現実の中国人の話す片言の日本語に「ある」語法が継承されていたと考えたい。一九二三（大正一二）年に公開された夢野久作「クチマネ」は、題材がとてもよく似ているのに〈アルヨことば〉は用いられていない。現実の在日中国人のすべてが〈アルヨことば〉に似たことばを話していたわけではなく、また中国人の描写として必ずしも〈アルヨことば〉が定着していたわけではないことがここから知られる。

なお、「山男の四月」「クチマネ」が生まれた時代は日清戦争、日露戦争を経て、日本人の中国人観が大きく変わった後の時代であり、中国人は「遅れている」「怪しい」「日本に対し敵対的である」「貧しい」「汚い」「子供を誘拐して売り飛ばす」等のマイナス・イメージが広まっていた。〈アルヨことば〉はそのような中国人イメージと深く結びついていた（第一章）。

「山男の四月」に引き続いて〈アルヨことば〉が見られるのは、坪田譲治の童話「支那手品」(一九三三(昭和八)年)および小説「善太の四季」第二章(一九三四(昭和九)年)である。坪田譲治と宮沢賢治の直接の影響関係については未だはっきりしないが、それがないものとしても、〈アルヨことば〉は定着期に入ったと言えるだろう。その後、萩原朔太郎「日清戦争異聞(原田重吉の夢)」(一九三五(昭和一〇)年)、そして田河水泡『のらくろ総攻撃』(一九三七(昭和一二)年)、『のらくろ決死隊長』『のらくろ武勇談』(一九三八(昭和一三)年)、流行歌「チンライぶし」(一九三八(昭和一三)年)等をもって〈アルヨことば〉は完成された(第三章)。

戦後、〈アルヨことば〉はポピュラーカルチャーのなかで受け継がれた。中国大陸での言語接触の影響は、ポコペン、テンホーなどのいくつかの語彙を除いてほとんどなく、日本国内での継承と見るべきである。作品中の使い手は「怪しい」「利にさとい」「どこか間が抜けている」等のイメージを持った成年男子が中心であった。また「中華料理(特にラーメン)」「手品」等のアイテムと結びつけられることが多かった。一九七〇年代までその傾向は続いた(一部、八〇年代に同じ傾向のキャラクターが引き続いて見られる)。

八〇年代になると、カンフー映画の影響が現れ、〈アルヨことば〉の使い手としてチャイナ少女と呼ぶべき美少女(多くカンフーの使い手で強い)がマンガやアニメに登場した。さらに「ある」語法、「よろしい」語法を用いない片言表現が多く見られるようになり、〈アルヨことば〉は今日衰退期に入っていると言える(第五章)。

さて、日清戦争、日露戦争を契機として、日本人が中国大陸に入るようになり、新たな言語接触の場面が発生した。特に、一九〇六(明治三九)年、南満洲鉄道が設立されて以後、鉄道沿線の都市を中心に多くの日本人が満洲に渡った。しかし日本人は集住して日本人としかつきあわず、最低限、使用人や行商人等の中国人とことばを交わすのみであった。中国語をしっかり学習するものは少数で、たいていは中国語の単語を日本語の語順で並べた片言程度しか用いなかった。やがて独特の語彙も定着して、満洲ピジンというべき言語が生まれた。満洲だけでなく、上海その他、日本軍が駐留した場所では軍人が現地の人間とのコミュニケーションのために、満洲ピジンに類似した片言を現地人に教えたのだろう。当時、中国語教師の中谷鹿二はこれを「日支合辦語」「日満合辦語」等と呼んだ。「協和語」とは、桜井隆氏によれば、中国人がこのピジンに対して批判や皮肉を込めて呼ぶ用語であり、決して公的な用語ではなかった。

満洲ピジンは、「幹活計《カンホージ》」「你呀《ニーヤ》」等の中国語起源の語彙のほか、「飯飯《めしめし》」「〜じゃないか」「進上」「帰ろ帰ろ」等日本語起源の語彙も多かった。語順は多く日本語と同じ語順であるが、「不要《プヨ》」「不知道《プチドー》」など否定表現は中国語の語順のままとなることが多かった。「我的《オーデ》」「你的《ニーデ》」「慢慢的《マンマンデ》」の「〜的」のように、中国語起源ながら日本語の影響を受けて拡張的に用いられた成分もあった。

満洲ピジンが横浜ことばを直接の起源としているという説があるが、桜井氏が考察した如く、重なる語彙が少ないので否定される。しかし「進上」が入っていること、「ある」語法、「よろしい」語法があること、加えて「ある」語法、「よろしい」語法を中国語の単語に置き換えた「有《ユー》」語法、「好《ホー》」語法が存在することを見たとき、横浜ことばの子孫で〈アルヨことば〉と同源の日本国内の片言ないしピジンの一部が満洲その他の中国大陸に持ち込まれたことは間違いない。「ある」語法、「よろしい」語法は右に見たとおり幕末〜明治一〇年代に発生しており、同じ語法が偶然中国大陸で再び発生したとすることは難しい。しかも、「有」語法は中国語本来の語順とまったく異なるからである。日本人の知識にあった語彙・語法が中国で用いられたと考えるのが自然だろう(第四章)。なお、「進上」については次節で改めて考える。

終戦後、満洲ピジン等、中国で発生した片言中国語は現実には消滅したが、中華人民共和国で作られた抗日映画等では、日本軍の軍人＝「日本鬼子《リーベングイズ》」の奇妙な中国語としてステレオタイプ化した言語表現が用いられていた。これを〈鬼子《グイズ》ピジン〉と呼ぶことにする。〈鬼子ピジン〉の語彙や語法は満洲ピジンと共通であったり、とてもよく似ていたりする。〈鬼子ピジン〉は満洲ピジンなど中国大陸で用いられた接触言語を起源としていると考えられる(本章)。

さいごに——「進上」の旅

この日中の片言・ピジンの歴史の旅の中で、私たちの旅の伴走者とも言える、まことに数奇な運命をたどった単語がある。本書を終えるに当たって、そのことばについて述べておきたい。「進上」がそれである。

「進上」は『漢書』(列伝・竇田灌韓伝第二十二)に「嬰引卮酒進上曰「天下者高祖天下、父子相伝、漢之約也(後略)」(嬰《えい》は卮酒《ししゅ》を引して進上して曰く「天下は高祖の天下、父子相伝は漢の約なり」)という形で見えるので、紀元一世紀までには成立していた表現であると言える。意味は、目下から目上へ、ものを進めて奉るという意味で、授受を表す謙譲表現であり、日本では「進上する」というサ変漢語動詞として用いられるのが通常である。平安時代には文書の語彙の一部として定着し、和漢混淆文の中でも盛んに用いられた。例えば一三世紀成立の『平家物語』(三・公卿揃)に「砂金《シャキン》一千両、富士《フジ》の綿《ワタ》二千両、法王へ進上《シン》せらる」(一四九頁)とある。

近世には候文の語彙に入り、目上の人に宛てる手紙の上書きにも「進上」と書く慣習が生まれ、読み書きのできる者ならだれでも知っている、ごく普通の語となった。近世、子供の遊びことばで「甘酒進上、ここまでおいで」という表現があるが、この「進上」

は「進ぜう(＝進ぜよう)」の宛字である。しかし「進上」そのものと誤解され、そのように表記されることが多い。それほど「進上」はありふれた語だった。

さて、横浜で片言表現からピジンが発生した際、「進上」もその中に入っていた。幕末・明治時代にも、候体の手紙文で「進上」は盛んに用いられていた(矢田勉氏ご教示)。日本人は「進上」は中国人には通じると思って用いたのかもしれない。当時の中国語には既に「進上」は失われていたので、中国人はそれを聞いても自国語とは思わず、日本語と受け取ったことであろう。西洋人に対しても中国人に対しても盛んに用いられ、「天保進上(＝お金を上げよう／お金を下さい)」「ポンコツ進上(＝殴ってやるぞ)」などと用いられた。

日本人が明治末年、中国大陸に渡って、現地人とコミュニケーションを取るとき、その記憶が残っていたのだろう、「進上」はここでも用いられた。「メシメシ進上(＝食べ物をやろう／食べ物をよこせ)」「サンビン進上(＝殴ってやるぞ)」などと用いている。中国人は当然それを日本語として受け取った。

日本人が帰っていったあと、「日本鬼子《リーベングイズ》」の言語として、抗日映画・ドラマの中で「進上」は用いられた。今でも、多くの中国人はこの語を知っている。しかしそれを中国人は、日本人の、憎々しいが間抜けで小心な軍人のことばとして理解している。

さて、ここで横浜ことば、満洲ピジンの両方に作用している要素として、「候文」の影響は案外大きいという考え方を示しておきたい。当時、横浜や大陸で現地の中国人と相対した日本人の多くは現代中国語を学習しておらず、また必ずしも古典的な漢文の素養を持っているわけではなかった。しかし、漢文が和化されて日常的に盛んに用いられた候文体の手紙ならばなじみがある。日本人は候文体を自分たちの中国語の知識のひな形として応用したのではないか。そう考えれば、「進上」の出どころも理解できるし、また満洲ピジンにおける「大枠での日本語語順の適用」「助詞の挿入（〜的）」「「不行」「不知道」など否定辞の前置」などの特徴も理解できる（矢田二〇一一参照）。

古代、貴重な漢文文献とともに、海を渡って中国から日本にやってきた「進上」は、近代、中国やロシアと戦争をするために海を渡って中国に行った兵隊によって、現地の中国人に教えられた。「進上」は二度、同じ海を渡って行き帰りした。むろんそのことを「進上」自身は知らず、またそれを使っていた人々もそのことを意識することはなかっただろう。

（了）

引用テキスト

第一章

宮沢賢治「山男の四月」：宮沢賢治 著（一九二四）『注文の多い料理店―イーハトヴ童話―』杜陵出版部（新選名著複刻全集（近代文学館・新選名著複刻全集近代文学館・編集委員会 編、ほるぷ出版 製作、日本近代文学館 出版、一九七〇）による）
葉山嘉樹「淫売婦」：葉山嘉樹 著（一九七五）『葉山嘉樹全集 第一巻』筑摩書房
夢野久作「クチマネ」：夢野久作 著（一九九二）『夢野久作全集1』（ちくま文庫）筑摩書房

第二章

アンベール、エメェ『幕末日本図絵』：高橋邦太郎 訳（一九六九）『アンベール幕末日本図絵 上』（新異国叢書一四）雄松堂書店
寺沢正明『一生一話』：山崎有信（一九九七）『彰義隊戦史』（アジア学叢書二二）大空社（原典は隆文館、一九一〇年）
ワーグマン、チャールズ *The Japan Punch*：芳賀徹ほか 編（二〇〇二）『ワーグマン素描コレクション 上・下』岩波書店
森銑三『明治東京逸聞史』：森銑三 著（一九六九）『明治東京逸聞史1』（東洋文庫 一三五）平凡社

『官許横浜毎日新聞』：（一九八九）『復刻版 横浜毎日新聞 第一一巻』不二出版（原典は『官許横浜毎日新聞』明治八年五月二四日 第一三四三号 二面「本県雑聞」）

仮名垣魯文『牛店雑談安愚楽鍋』：興津要編（一九六六）『明治開花期文学集（一）』（明治文学全集1）筑摩書房

仮名垣魯文『西洋道中膝栗毛』：興津要編（一九六六）『明治開花期文学集（一）』（明治文学全集1）筑摩書房

河竹黙阿弥「月宴升毬栗」：河竹糸女 補修・河竹繁俊 校訂・編纂（一九二五）『黙阿弥全集 第一〇巻』春陽堂

Bishop of Homoco. *Exercises in the Yokohama Dialect*（改訂増補版）：Bishop of Homoco (1879) Revised and Enlarged Edition of *Exercises in the Yokohama Dialect*. Yokohama: Japan Gazette Office.（横浜開港資料館蔵本）および Stefan Kaiser (ed. with an introduction). (1995) *The Western Rediscovery of the Japanese Language*. Vol. 5. Surrey: Curzon.

須藤南翠『新粧之佳人』：伊藤整ほか編（一九六五）『政治小説集』（日本現代文学全集三）講談社

中村春雨（吉蔵）『無花果』：中村吉蔵ほか著（一九二八）『歴史・家庭小説集』（現代日本文学全集 第三四篇）改造社

岡本綺堂「蟹のお角（半七捕物帳）」：岡本綺堂著（一九八六）『半七捕物帳（五）』（光文社文庫）光文社

岡本綺堂「雪女」：岡本綺堂著（一九九〇）『鷲』（光文社文庫）光文社

岡本綺堂「異人の首（半七捕物帳）」：岡本綺堂著（一九八六）『半七捕物帳（三）』（光文社文庫）光

文社
宝塚少女歌劇「邯鄲」：倉田善弘・岡田則夫監修（一九九七）『大正期SP盤レコード 芸能・歌詞・ことば全記録』九、大空社（原典は伊藤直基 編纂兼発行（一九一七）『ニッポノホン 音譜文句全集追加（一）』ニッポノホン音譜文句全集発行所）
東京日々新聞社会部 編『戊辰物語』：中野好夫ほか 編（一九六四）『懐往事談 戊辰物語 木戸孝允日記 高橋是清自伝 西南の役――鹿児島県史』（世界ノンフィクション全集五〇）筑摩書房
井筒月翁『維新侠艶録』：井筒月翁 著（一九八八）『維新侠艶録』（中公文庫）中央公論社（原典は萬里閣書房、一九二九年）

第三章

坪田譲治「善太の四季」：臼井吉見 編（一九六九）『小川未明 豊島与志雄 坪田譲治 宮沢賢治』（日本短篇文学全集二三）筑摩書房
坪田譲治「支那手品」：鈴木三重吉 主宰（一九六八）『（復刻版）赤い鳥』日本近代文学館（大空社よりCD-ROM版、二〇〇八年）
萩原朔太郎「日清戦争異聞（原田重吉の夢）」：樋口覚 著（二〇〇八）『日清戦争異聞――萩原朔太郎が描いた戦争』青土社
時雨音羽 作詞「チンライぶし」：日本コロムビア株式会社 企画・清水英雄 解説『〝20世紀にっぽんの歌〟想い出の戦前・戦中歌謡大全集 別冊解説書』株式会社コロムビアファミリークラブ
海野十三「人造人間エフ氏」：海野十三 著（一九八九）『太平洋魔城』（海野十三全集六）三一書房

田河水泡『のらくろ総攻撃』：田河水泡著（一九六九）『のらくろ総攻撃』講談社による復刊本（原典は大日本雄辯会講談社、一九三七年）
田河水泡『のらくろ決死隊長』：田河水泡著（一九六九）『のらくろ決死隊長』講談社による復刊本（原典は大日本雄辯会講談社、一九三八年）
田河水泡『のらくろ武勇談』：田河水泡著（一九六九）『のらくろ武勇談』講談社による復刊本（原典は大日本雄辯会講談社、一九三八年）

第四章

山名正二『満洲義軍』：山名正二著（一九九七）『満洲義軍』（アジア学叢書一九）大空社（原典は月刊満洲社東京出版部、一九四二年）
中谷鹿二『日支合辦語から正しき支那語へ』：中谷鹿二著（一九二六）『日支合辦語から正しき支那語へ』満書堂書店
新居格編『支那在留日本人小学生 綴方現地報告』：新居格編（一九三九）『支那在留日本人小学生 綴方現地報告』第一書房
藤森節子『少女たちの植民地―関東州の記憶から―』：藤森節子著（二〇一三）『少女たちの植民地―関東州の記憶から―』（平凡社ライブラリー）平凡社
棟田博『続・陸軍よもやま物語』：棟田博著（一九八二）『続・陸軍よもやま物語』光人社
大久保忠利「生きている「兵隊コトバ」―中間報告として―」：大久保忠利（一九四五）「生きている「兵隊コトバ」―中間報告として―」『思想の科学』思想の科学研究会編『思想の科学』

五巻一号、六二―七〇頁、先駆社
ミスワカナ・玉松一郎『支那便利隊 上』：ミスワカナ・玉松一郎（一九三八）『支那便利隊 上』Z―一一〇、ビクターレコード

第五章

野口博志 監督「拳銃無頼帖 抜き射ちの竜」：野口博志 監督（二〇〇二）『拳銃無頼帖 抜き射ちの竜』DVN―41
手塚治虫「ぼくの孫悟空」：手塚治虫 著（一九七七）『ぼくの孫悟空』（手塚治虫漫画全集一二）講談社
手塚治虫「三つ目がとおる」：手塚治虫 著（一九八〇）『三つ目がとおる』（手塚治虫漫画全集一一〇）講談社
手塚治虫「七色いんこ」：手塚治虫 著（一九九四）『七色いんこ』（手塚治虫漫画全集三四二）講談社
石ノ森章太郎「サイボーグ009」：石ノ森章太郎 著（二〇〇一）『サイボーグ009』4、メディアファクトリー
前谷惟光「ロボット三等兵」（A）：北島昇 編集長（一九七七）『別冊 一億人の昭和史 昭和マンガ史』毎日新聞社
前谷惟光「ロボット三等兵」（B）：前谷惟光 著（二〇〇七）『貸本版 ロボット三等兵 上』（マンガショップシリーズ一七七）マンガショップ

一条ゆかり「有閑倶楽部」：一条ゆかり(一九八六)『有閑倶楽部』6(りぼんマスコットコミックス)集英社

井上ひさし・山元護久「ひょっこりひょうたん島」：井上ひさし・山元護久(一九九一)『ひょっこりひょうたん島』6(ちくま文庫)筑摩書房

ゼンジー北京：NHKビデオ『昭和名人芸大全』五日目、PCVE-10993

鳥山明「Dr.スランプ」：鳥山明(一九九六)『Dr.スランプ』5(集英社文庫コミック版)集英社

高橋留美子「らんま1/2」：高橋留美子(一九八八)『らんま1/2』5(少年サンデーコミックス)小学館

雷句誠「金色のガッシュ!!」：雷句誠(二〇〇三)『金色のガッシュ!!』8(少年サンデーコミックス)小学館

空知英明「銀魂」：空知英明(二〇〇四)『銀魂』1(ジャンプ・コミックス)集英社

日丸屋秀和「Axis Powers ヘタリア」：日丸屋秀和(二〇〇八)『Axis Powers ヘタリア』幻冬舎コミックス

日丸屋秀和「Axis Powers ヘタリア2」：日丸屋秀和(二〇〇八)『Axis Powers ヘタリア』2、幻冬舎コミックス

荒川弘「鋼の錬金術師」：荒川弘(二〇〇四)『鋼の錬金術師』8、スクウェア・エニックス

やくみつる(時事マンガ)：やくみつる(時事マンガ)『朝日新聞』二〇〇八年五月六日号朝刊一一面

柴門ふみ「九龍《カオルーン》で会いましょう」：柴門ふみ(二〇〇〇)『九龍で会いましょう 上』(ビッグコミッ

クス)小学館
野中のばら『たびたびあじあ 上海』: 野中のばら(二〇〇七)『たびたびあじあ 上海』竹書房

終章

石揮 監督「鶏毛信」: 石揮 監督(一九九九)『鶏毛信』上海電影制片廠 製作、ISRC CN-A 08-06-0008-0/V.J9
「漢書」: 班固 撰・顔師古 注(一九六二)『漢書』第八冊(伝二)中華書局
「平家物語」: 梶原正昭・山下宏明 校注(一九九一)『平家物語 上』(新日本古典文学大系四四)岩波書店

参考文献

序章（および全章に関わるもの）

金水敏（二〇〇三）『ヴァーチャル日本語 役割語の謎』（もっと知りたい！日本語）岩波書店
金水敏（二〇〇七）「役割語としてのピジン日本語の歴史素描」金水敏編『役割語研究の地平』一九三―二一〇頁、くろしお出版
金水敏編（二〇〇七）『役割語研究の地平』くろしお出版
金水敏（二〇〇八ａ）「日本マンガにおける異人ことば」伊藤公雄編『マンガの中の他者』一四一―六〇頁、臨川書店
金水敏（二〇〇八ｂ）「役割語と日本語史」金水敏ほか『日本語史のインタフェース』（シリーズ日本語史4）二〇五―二三六頁、岩波書店
金水敏編（二〇一一）『役割語研究の展開』くろしお出版
金水敏・池田貴子（二〇〇九）「ピジン日本語と中国人像の変遷―ことばと絵柄とキャラクターとの相関を考える―」シンポジウム「メディア・教育と役割語・発話キャラクタ」発表資料
近代日中関係史年表編集委員会編（二〇〇六）『近代日中関係史年表』岩波書店
国分良成・添谷芳秀・高原明生・川島真（二〇一三）『日中関係史』（有斐閣アルマ）有斐閣
門間貴志（二〇一〇）「朝鮮人と中国人のステレオタイプはいかに形成されたか」黒沢清・吉見俊

哉・四方田犬彦・李鳳宇編『スクリーンのなかの他者』(日本映画は生きている、第四巻)一四一―一六二頁、岩波書店

第一章

安藤恭子(一九九三)「〈世界図〉としての言説空間―宮沢賢治「山男の四月」と大正期「赤い鳥」―」『日本近代文学』第四九集、七四―八六頁、日本近代文学会(後に安藤恭子(一九九六)『宮沢賢治〈力〉の構造』朝文社に所収)
大山尚(一九九八)「「注文の多い料理店」の位置―表題作としての有様―」『國學院大學大学院紀要―文学研究科―』第三〇輯、一三一―一四八頁、國學院大學
卓南生(一九九〇)『中国近代新聞成立史―1815-1874―』ぺりかん社
信時哲郎(一九九六)「いのちの代償―宮沢賢治「山男の四月」論―」『神戸山手女子短期大学紀要』第三九号、四九―六〇頁、神戸山手大学
益田勝実(一九八四)「山男の四月―宮沢賢治の表現の特色―」『日本文學誌要』第三〇号、二一―一八頁、法政大学国文学会

第二章

伊川公司 編(二〇〇五)『横浜・ハマことば辞典』暁印書館
岩波書店辞典編集部 編(二〇一三)『岩波 世界人名大辞典』岩波書店
内田直作(一九四九)『日本華僑社会の研究』同文館(大空社『日本華僑社会の研究』(アジア学叢

書四八）一九九八年として復刊）

カイザー、シュテファン（一九九八）「Yokohama Dialect―日本語ベースのピジン」東京大学国語研究室創立百周年記念 国語研究論集編集委員会 編『東京大学国語研究室創立百周年記念 国語研究論集』八三―一〇六頁、汲古書院

カイザー、シュテファン（二〇〇五）「*Exercises in the Yokohama Dialect* と横浜ダイアレクト」『日本語の研究』第一巻一号、三五―五〇頁、日本語学会

亀井秀雄（二〇〇四）「ピジン語の生まれる空間―横浜居留地の雑種（ハイブリッド）語―」テッサ・モーリス＝スズキ・吉見俊哉 編『グローバリゼーションの文化政治』（グローバリゼーション・スタディーズ2）一五二―二〇三頁、平凡社

孔祥吉（馮青 訳）（二〇一一）「清末の外交家伍廷芳と日本の関係」孔祥吉・村田雄二郎『清末中国と日本―宮廷・変法・革命―』六七―九一頁、研文出版

小玉敏子（一九九九）「*Exercises in the Yokohama Dialect* 再考」『英学史研究』第三二号、一―一一頁、日本英学史学会

杉本豊久（二〇一〇）「明治維新の日英言語接触―横浜の英語系ピジン日本語（1）」『成城イングリッシュモノグラフ』四二、三五七―三八一頁、成城大学大学院文学研究科

田中健之（二〇〇九）『横浜中華街―世界最強のチャイナタウン―』（中公新書ラクレ）中央公論新社

田中雅男（一九八一）「マー、モッテコイ。マー、シックシック。―『横浜方言演習』の版をめぐって―」『近代』五七、一一七―一三四頁、神戸大学近代発行会

トッド、ロレト(田中幸子訳)(一九八六)『ピジン・クレオール入門』大修館書店(Loreto Todd (1974) *Pidgins and Creoles*, Routledge & Kegan Paul)
藤田俊一(一九八一)「所謂ピジアンイングリッシュと横浜用語(ダイアレクト)」『英学史研究』第一四号、五三―六二頁、日本英学史学会
横浜開港資料館・読売新聞東京本社横浜支局編(二〇一〇)『横浜一五〇年の歴史と現在―開港場物語―』明石書店
依田恵美(二〇一一)「役割語としての片言日本語―西洋人キャラクタを中心に―」金水敏編『役割語研究の展開』二二三―二四八頁、くろしお出版
渡辺裕(一九九九)『宝塚歌劇の変容と日本近代』新書館

第三章

池田光穂(二〇〇二)「のらくろ帝国主義入門」(ウェブサイト)http://www.cscd.osaka-u.ac.jp/user/rosaldo/020616norakuro.html
石子順(一九九五)『日本の侵略 中国の抵抗―漫画に見る日中戦争時代―』大月書店
岡島昭浩編(二〇〇五)「ピジン日本語その他資料」蜂矢真郷編(二〇〇五)『文献に現れた述語形式と国語史の不整合性について』二〇〇三～二〇〇四年度科学研究費補助金基盤研究(c)研究成果報告書(課題番号：一五五二〇二九〇、研究代表者：蜂矢真郷)
金山泰志(二〇一四)『明治期日本における民衆の中国観―教科書・雑誌・地方新聞・講談・演劇に注目して―』芙蓉書房出版

小松裕(二〇〇三)「近代日本のレイシズム―民衆の中国(人)観を例に―」『文学部論叢』七八号、四三―六五頁、熊本大学文学部
並木頼寿(二〇〇八)『日本人のアジア認識』(世界史リブレット六六)山川出版社
樋口覚(二〇〇八)『日清戦争異聞　萩原朔太郎が描いた戦争』青土社
松本三之介(二〇一一)『近代日本の中国認識―徳川期儒学から東亜協同体論まで―』以文社
吉村和真(一九九八)「歴史表象としての視覚的「日本人」像」江戸の思想編集委員会編『江戸の思想』第八号、一二六―一四六頁、ぺりかん社(伊藤公雄編(二〇〇八)『マンガのなかの〈他者〉』六二―九五頁、臨川書店刊に再録)
依田恵美(二〇一一)「役割語としての片言日本語―西洋人キャラクタを中心に―」金水敏編『役割語研究の展開』二一三―二四八頁、くろしお出版
劉迎(二〇〇二―〇三)「坪田文学における中国人の子供像―小説「善太の四季」をめぐって―」『岡山大学大学院文化科学研究科紀要』第一三号、三三―五三頁、岡山大学大学院文化科学研究科

第四章

秋田実(一九八四)『大阪笑話史』編集工房ノア
安藤彦太郎(一九八八)『中国語と近代日本』(岩波新書)岩波書店
石田卓生(二〇〇二)「「協和語」再考―用語としての「協和語」の扱いについて―」永井英美編『中国文芸研究会会報』第二四四号

大久保忠利(一九四九)「生きている「兵隊コトバ」―中間報告として―」『思想の科学』思想の科学研究会 編『思想の科学』五巻一号、六二―七〇頁、先駆社
大阪府立上方演芸資料館(ワッハ上方)編(二〇〇八)『上方演芸大全』創元社
岡田英樹(一九九七)「歪んだ言語風景―「満州国」における言語の相互浸透―」日本社会文学会編『近代日本と「偽満州国」』一三〇―一四一頁、不二出版
貴志俊彦・松重充浩・松村史紀 編(二〇一二)『二〇世紀満洲歴史事典』吉川弘文館
小島貞二(一九七八)『漫才世相史』毎日新聞社
桜井隆(二〇一二a)「満州ピジン中国語と協和語」『明海日本語』一七、一―一五頁
桜井隆(二〇一二b)「日中語ピジン―「協和語」への序章―」明海大学外国語学部論集編『明海大学外国語学部論集』二四、一―一六頁、明海大学
太平洋戦争研究会(二〇〇四)『二〇ポイントで理解する「満州帝国」がよく分かる本』(PHP文庫)PHP研究所
武田徹(二〇〇五)『偽満州国論』(中公文庫)中央公論新社
高橋伸幸 編集・発行(二〇一二)『満洲帝国の真実』(歴史人一九)KKベストセラーズ
田中寛(二〇一三)「戦争が遺した日本語―「少国民綴り方」と「軍用支那語」―」『日本語学科二〇周年記念論文集』一三―四二頁、大東文化大学日本語学科
張守祥(二〇一二)「「満洲国」における言語接触―新資料に見られる言語接触の実態―」『人文』一〇号、五一―六八頁、学習院大学
塚瀬進(一九九八)『満洲国―「民族協和」の実像―』吉川弘文館

塚瀬進(二〇〇四)『満洲の日本人』吉川弘文館
中谷鹿二(一九二六)『日支合辦語から正しき支那語へ』満書堂書店
新居格 編(一九三九)『支那在留日本人小学生 綴方現地報告』第一書房
広中一成(二〇一三)『ニセチャイナ―中国傀儡政権 満洲・蒙疆・冀東・臨時・維新・南京―』社会評論社
藤森節子(二〇一三)『少女たちの植民地―関東州の記憶から―』(平凡社ライブラリー)平凡社
前田均(二〇〇三)「在外児童作文集に見る言語混用の実態―日本語と中国語を主にして―」小島勝 編著『在外子弟教育の研究』七章、二一七―二四〇頁、玉川大学出版部
安田敏朗(一九九七)『帝国日本の言語編制』世織書房
矢田勉(二〇一一)「表記体間の干渉と新表記体の創出―候文の成立に対する仮名文書の関与について―」『文学』第一二巻第三号、七六―九二頁
山名正二(一九四二)『満洲義軍』月刊満洲社東京出版部(大空社『満州義軍』(アジア学叢書一九)一九九七年として復刊)
李素楨(二〇一三)『日本人を対象とした旧「満洲」中国語検定試験の研究』文化書房博文社
六角恒廣(一九九四)『中国語書誌』不二出版

第五章

内海愛子(一九八六)「「第三国人」ということば」内海愛子・梶村秀樹・鈴木啓介 編『朝鮮人差別とことば』一一一―一五六頁、明石書店

定延利之(二〇〇七)「キャラ助詞が現れる環境」金水敏編『役割語研究の地平』二七―四八頁、くろしお出版
小学館漫画賞事務局編・竹内オサム監修(二〇〇六)『現代漫画博物館』小学館
谷山尚義 発行(一九九五)『満州の記録―満映フィルムに映された満州―』集英社
手塚治虫・田河水泡(一九九六)「のらくろとアトム」『手塚治虫対談集』一(手塚治虫漫画全集別巻)六三―八六頁、講談社(一九六七年八月号『国際写真情報』掲載)
馬場公彦(二〇一四)『現代日本人の中国像―日中国交正常化から天安門事件・天皇訪中まで―』新曜社
門間貴志(二〇一〇)「朝鮮人と中国人のステレオタイプはいかに形成されたか」黒沢清・吉見俊哉・四方田犬彦・李鳳宇編『スクリーンのなかの他者』(日本映画は生きている、第四巻)一四一―一六二頁、岩波書店
吉村和真(二〇〇七)「近代日本マンガの身体」金水敏編『役割語研究の地平』一〇九―一二一頁、くろしお出版
四方田犬彦(二〇〇〇)『日本映画史100年』(集英社新書)集英社
梁泰昊(一九八六)「「第三国人」というスケープ・ゴート」内海愛子・梶村秀樹・鈴木啓介編『朝鮮人差別とことば』一八九―二〇八頁、明石書店
渡辺武信(一九九六)「藤村有弘」キネマ旬報社編『日本映画人名事典 男優篇 下』五五八頁、キネマ旬報社

終章

王敏編(二〇〇九)『中国人の日本観―相互理解のための思索と実践―』(国際日本学とは何か?)三和書籍

孫雪梅(玉腰辰己訳)(二〇〇九)「中国映画の中の日本人像」王敏編『中国人の日本観―相互理解のための思索と実践―』(国際日本学とは何か?)一七三―二一三頁、三和書籍

武田雅哉(二〇〇五)『〈鬼子《グイツ》〉たちの肖像―中国人が描いた日本人―』(中公新書)中央公論新社

門間貴志(一九九五)『フリクショナル・フィルム読本(1)アジア映画にみる日本I　中国・香港・台湾編』社会評論社

矢田勉(二〇一二)「表記体間の干渉と新表記体の創出―候文の成立に対する仮名文書の関与について―」『文学』第一三巻第三号、七六―九二頁

矢野浩二(二〇一二)『大陸俳優―中国に愛された男―』ヨシモトブックス

李珍(二〇〇九)「中国の抗日映画・小説における日本軍人の言葉」大阪大学大学院文学研究科・期末レポート

劉文兵(二〇一三)『中国抗日映画・ドラマの世界』(祥伝社新書)祥伝社

あとがき

ゼンジー北京が好きだった。藤村有弘のニセ外国語、『ひょっこりひょうたん島』のトウヘンボク、サイボーグ006が好きだった。〈アルヨことば〉をしゃべる中国人キャラクターの、とぼけた味わいが好ましかった。

そもそも、子供は「ヘンなコトバ」が好きだ。まねをして遊ぶと、自分が外国人になったようにも感じられて面白かった(本書第一章に登場する「クチマネ」、第三章の「善太の四季」のエピソードを見よ。中国人の口まねをついついしてしまう子供たちの気持ちは痛いほどよく分かる)。

フィクションに登場する〈アルヨことば〉の使い手は、尊敬すべき崇高な人格者ではない。しかし一方で、特に私の子供時代に出会った戦後の作品では、明るく朗らかで前向きな、魅力的な人格も同時に表現されていたはずである。本書執筆の動機には、こういった子供時代からの〈アルヨことば〉への愛惜の念があった。

しかし今、その発生と継承の歴史を調べていくなかで、〈アルヨことば〉の使用と中国人に対する日本人の侮蔑意識という政治的文脈とが分かちがたく結びついていることを知らされた。またその研究の道筋で、満洲ピジンの存在も知った。満洲ピジンを含む片言・ピジンは「偽」満洲国を中心に、広く中国本土や台湾で、正当な中国語の学習を怠って生半可な知識で間に合わせのコミュニケーションで「事足れり」とした当時の日本人が作り出したものであった（一般的に言えば、ピジンやクレオールの社会的機能は多様であり、ピジン・クレオールによってしか表現しえない、あるいはコミュニケーションが成り立たない場面も世界には多くある。日本人の移住や統治によって生み出され、現在も残存する日本語の変種については、「そうだったんだ！　日本語」シリーズの一冊、渋谷勝己・簡月真『旅するニホンゴ―異言語との出会いが変えたもの―』もあわせて読まれたい）。

満洲国建国と日中戦争は、中国人、韓国・朝鮮人、モンゴル人、満洲人はもちろんのこと、日本人にさえ多大な苦痛と厄災をもたらした。その歴史のなか、満洲ピジンは「鬼子」ならぬ「鬼っ子」として産み落とされた、奇妙なことばであった。その満洲ピジンの流れを汲む表現が抗日映画・ドラマの中の日本軍将校のことばとして用いられていることはある意味歴史の皮肉と言えよう。

本書に記してきたことを踏まえるなら、もはや政治的な文脈への配慮なしに軽々に〈アルヨことば〉を用いたり論じたりすることは慎まれるべきである。本書に記したこのことばの背後にある歴史についての知識や、またそれに伴う配慮が、新たな日本の常識となることを願ってやまない。その一方で、子供のころから好きだった〈アルヨことば〉

の歴史をきっちりと描き出し、ある意味で永遠に供養したいという願いもまた本書の執筆を強く支えていたのである。多くの読書子に筆者の思いが伝わればこれに勝る喜びはない。

ところで意外だったのは、私の中国人の友人たちが口をそろえて、抗日映画・ドラマの中の、〈鬼子《グイズ》ピジン〉をしゃべる日本軍の将校や兵士を、「憎むべき恐ろしい敵」というよりは「ヘンなコトバをしゃべる滑稽な人たち」と認識していたと告白したことだった。しかしよく考えるとそれは当然だ。やはり子供たちはいつも、「ヘンなコトバ」が好きなのである。今日の中国のネット社会で〈鬼子ピジン〉が多く用いられているのは、単なる日本への批判や憎しみの気持ちだけではないはずである。

本書執筆の直接の出発点は、今から一一年前の二〇〇三年に刊行した『ヴァーチャル日本語 役割語の謎』(岩波書店)に遡る。その第六章で「異人のことば」の一つとして〈アルヨことば〉を取り上げたが、その扱いは甚だ不十分なものであった。ぜひ、この続編を書いて公にしたいと願っていた。その後も、金水(二〇〇八a)、同(二〇〇八b)、金水・池田(二〇〇九)を発表し、満洲ピジンとの関わりについてもより深い考察が必要であることを痛感した。二〇一〇年になって、『ヴァーチャル日本語』の担当者である浜門麻美子さんから、「岩波書店創業一〇〇年(二〇一三年)を記念して新たな日本語のシリーズを刊行したい」という申し出を受け、井上優さん、窪薗晴夫さん、渋谷勝己さんとともに「そうだったんだ！ 日本語」全一〇冊の企画を立てた。私も、積年の課題であった〈アルヨことば〉の歴史をこのシリーズの一冊に加えたいと考えた。

しかしいざ書き出してみると、例によって執筆は遅々として進まず、気がつけばシリーズの他の九冊はすべて出そろっているのに、本書はわずかに第一章が出来上がったのみ、という事態に立ち至り、編集者のみなさんをやきもきさせた。幸いに、本務校で二〇一三年度後期にサバティカル(研究休暇)を半年いただくことができ、おかげで二〇一四年三月にすべての章を書き上げることができた。サバティカル明けには公私両面で多忙な日々が帰ってきたが、最後の調整や原稿の追加等を何とかこなし、ようやく刊行にこぎ着けた。岩波書店の創業一〇〇年に間に合わなかったのは残念だが、まずはシリーズが完結できたことを喜びたい。

本書を刊行するに当たっては、当然ながら多くの方々の助力があった。以下、順不同でお名前を挙げ、感謝の気持ちを表したい。池田貴子さん、岡島昭浩さん、前田均さん、河崎みゆきさん、塩田雄大さん、西村正男さん、矢田勉さんは折に触れて貴重な資料や論文・研究所の教示をいただいた。李珍さん(現浙江工業大学外国語学院日本語科 講師)は抗日映画・小説のことばを分析したすぐれたレポートを提出してくださった。また、*Exercises in the Yokohama Dialect* の閲覧をご許可くださった横浜開港資料館、中谷鹿二の『日支合辧語から正しき支那語へ』の閲覧をご許可くださった関西大学東西学術研究所の皆様にも深く感謝申し上げます。

この本は、科学研究費補助金「役割語の理論的基盤に関する総合的研究」(研究課題番号：一九三二〇〇六〇、二〇〇七―二〇一〇年度、研究代表者：金水敏)および「役割語の総合的研究」(研究課題番号：二三三二〇〇八七、二〇一一―二〇一四年度、研究代表者：金水敏)の成果であり、同科研費のメンバーのみなさんとの議論が本書の基盤となっている。特に、依田恵美さん、山本一巴さんには本書刊行のための直接的な補助作業を受け持っていただいた。

ハルビン市中央大街(キタイスカヤ)に残る歴史的建造物(著者撮影)

企画・執筆・調整のすべての場面で、岩波書店編集部の浜門麻美子さん、奈良林愛さんのお二人がご尽力くださったことは言うまでもない。本書は、お二人と私の三人四脚で完成したと言うべきだろう。みなさん、本当にありがとうございました。

最後に、家族への謝辞を書き加えることをお許しいただきたい。いつも拙著の刊行を喜こんでくれる老父母、妻と二人の子供たち、弟夫婦に感謝の言葉を捧げます。ありがとうございました。

ところで、本書執筆中にぜひ一度旧「満洲」の地を訪れてみたいと思っていたところ、時宜を得て黒竜江大学とハルビン工業大学で講演をとのご招待をいただき、二〇一三年六月に念願のハルビン入りを果たすことができた。張波さん、曹志明さん、祝玉深さん始め両大学の皆様には大変お世話になりました。ハルビンの街は現代中国の繁栄に沸き立っていたが、しかし一方でロシア風の歴史建造物も多数残っており、ヤマトホテルの遺構も往時を偲ばせた。短期間の旅行者には、満洲ピジンの片鱗すら聞き出すことはできなかったが、テレビでは毎日抗日ドラマが放送されていた。ことばも街も、歴史の積み重なりの上に成り立っていることを実感することができた旅であった。

二〇一四年七月　西宮にて

金　水　敏

現代文庫版あとがき

本書の初版は、二〇一四年に岩波書店より「そうだったんだ！ 日本語」というシリーズの一冊として刊行された同名の書籍である。初版の「あとがき」にある通り、二〇〇三年に刊行された『ヴァーチャル日本語 役割語の謎』の第六章の内容に新たな素材を加えながら膨らませ、〈アルヨことば〉と筆者が呼んでいる役割語の起源と歴史について考察・整理したものである。『ヴァーチャル日本語 役割語の謎』も岩波現代文庫に収録されているので、併せてお読みいただけるとありがたい。

初版が公刊されたあと、河崎みゆき氏が次の論文を発表された。本書第四章の「好」語法の起源について、〈アルヨことば〉の逆輸入であるとする本書の見方とは異なり、中国・上海方言の影響を受けて成立したという可能性について検証するものである。今後も検討を続けていくことが望まれる。

河崎みゆき(二〇一六)「アルヨことばの周辺としての上海ピジン」金水敏(編著)『役割語・キャラクター言語研究国際ワークショップ2015報告論集』46-69頁。

また、本書終章で取り上げた『鶏毛信』について、筆者のもとで中国語の役割語について博士論文を書いた劉翔さんと、筆者との共著により、次の論文を公刊した。

金水敏・劉翔(二〇二〇)「中国・抗日作品のメディアミックスと日本人表象―『鶏毛信』を例に―」秦かおり・佐藤彰・岡本能里子(編集)『メディアとことば5』[特集]政治とメディア、98-116頁、ひつじ書房。

抗日メディアについては、日中双方の立場から、さらに検討が重ねられることが期待される。なお、『鶏毛信』を始めとする抗日メディアについて、初版刊行後、中国・復旦大学副教授の鄒波氏が貴重な資料についてご教示をくださった。また本書の文庫化に当たって、縁あって京都大学名誉教授の山室信一氏が初版を通読してくださり、いくつかの筆者の誤りを指摘してくださった。ここに記して、感謝申し上げます。

文庫化に当たっても、初版の刊行でお世話になった浜門麻美子さんが担当してくださったことは、筆者にとって大変心強い助けとなった。ありがとうございます。つたない著作ではあるが、本書が読者の皆様に今後も長く読み継がれることを祈念して、本書を閉じることとする。

二〇二三年三月　天王寺にて

金水　敏

解説
ヴァーチャルとリアルの狭間を行き来する「役割語」

内田慶市

「あなた、この薬のむよろしい。毒ない。決して毒ない。のむよろしい。わたしさきのむ。心配ない。わたしビールのむ。毒のまない。」

「それ、あなた。すこし、乱暴あるネ。」(本書二頁)

日本人ならばこれらのセリフを見て、これを話しているのが中国人であることは直観的に分かる。そして、実際にはこのような日本語を話す中国人がいないことも分かっている。それなのに、これが中国人であると感じるのはなぜか。こうした、実は誰もがその事実は知っていながら、これまで、それがどうして生まれたのか、それがどうしてそうなるのかについては議論してこなかった言語現象を、「アルヨことば」と総称し、「役割語」という観点から、その本質を明らかにしようとしたのが本書である。

著者の金水氏は「アルヨことば」を「ピジン」の一種と見ているが、筆者も「アルヨことば」を異言語接触の様々な事象の一つと考えている。ここでは、特に近代における日中のピジン言語、また、最近の「オネエ言葉」などと併せて、以下論じることとする。

まずは中国における異言語接触の諸相を見てみる。

中国における中国語と異言語との接触の歴史は古く、代表的なものとして、シルクロードによる西域の言語との接触、あるいは仏教伝来によるサンスクリットとの接触があり、その都度、中国には新しい言葉が生まれてきた。「葡萄」「安石榴」「獅子」「世界」「和尚」などがそうである。一六世紀以降になると、イエズス会来華宣教師をその中心的な担い手とする「西学東漸」という大きな文化的潮流が興る。その当時の接触言語の中心はラテン語、イタリア語、スペイン語、ポルトガル語であり、それぞれの言語と中国語との対照字典も数多く出版されている。洪武帝の命によって編纂が開始された『華夷訳語』にも四二種に上る言語が収められている。その後、イギリス・ロンドン会の宣教師ロバート・モリソンに代表されるプロテスタント宣教師の来華を契機にイギリスの勢いが強くなり、特にアヘン戦争以降は英語がその中心となる。

筆者が以前、在外研究でボストンに滞在していたとき、大学の行き帰りのバスの中でよく一人の中国人のおばあちゃんと一緒になった。あるとき、そのおばあちゃんが私の前の席に座り、ノートを取り出して一生懸命英語の勉強をしている。どんな風に勉強しているのかと覗いてみると、そこには「吉尼奥利」と漢字が書かれている。「はて?」

と思ったがすぐに分かった。「January」なのだ。日本人が外国語を学ぶときによく「ニーハオ(你好)」のようにカタカナで発音を付けることがあるが、中国人はそれを漢字で表すのである。

漢字で英語を学ぶということに関しては、清末中国の英語学者の周越然の本にも次のようにある。

> 学生が金先生にGood morningという英語をノートに書いてくださいと頼んだ。金先生は承諾した後、さらに、この言葉の使い方について「これは、ただ朝だけに用いて、午後や夜には決して用いてはいけない。外国人は朝に人に出会うとお互いにこう言って、お互いに祝福し合うのだ」と繰り返し説明した。でも、そのとき私は非常に不思議に思った。西洋人の礼儀では「お互いに祝福し合う」と言いながら、どうして「各得罵人《ゴットマウニン》(お互いが罵り合う)」のかと。その頃、私は愚かにも、英語と中国語を混同していたわけであるが、後に比較言語学を勉強して、中国と英語の音には相反する意味の文字がたくさんあることが分かった。たとえば、中国語の「頭《トウ》」と英語のtoeは逆さまの関係にある。他にも「錯《ツウ》」とtrue、「楼《ロウ》」とlow、「白《バッ》」とblack、「灰《ホエ》」とwhite、「楽《ロッ》」とloth、「茅厠《モーツィ》」とmouthなどがそうである。
>
> (周越然『書与回憶』一九九六所収、訳と中国語＝上海音のルビは筆者による)

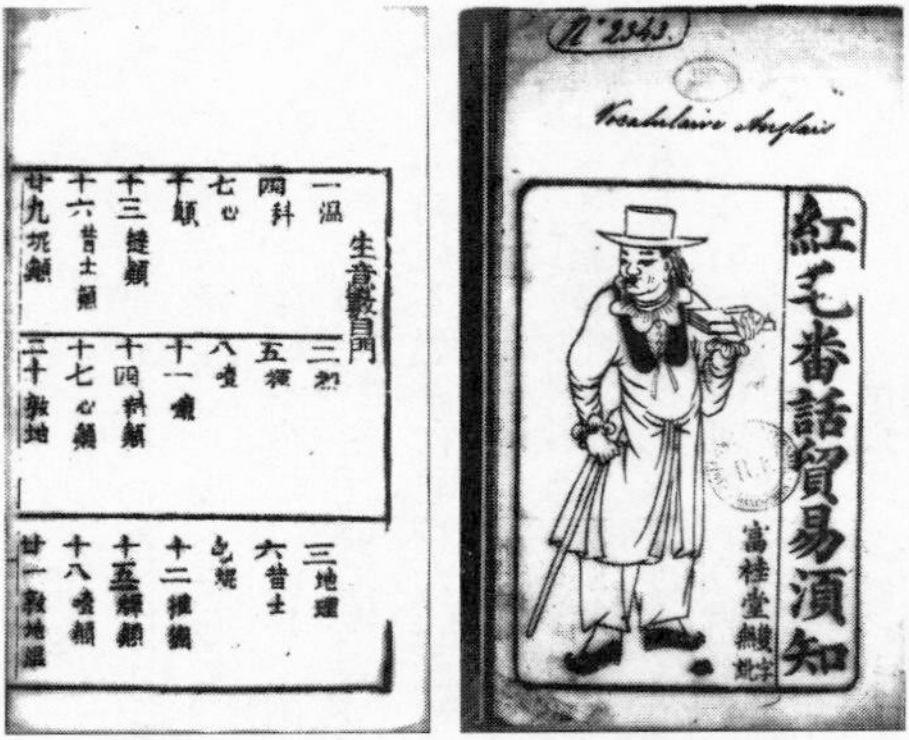

『紅毛番話貿易須知』フランス国立図書館蔵

中国人のための最初の英語テキストは *The English and Chinese student's assistant, or colloquial phrases, letters &c, in English and Chinese*: The Chinese by Shaou Tih, a native Chinese student, in the Anglo Chinese College, Malacca. 1826 である。これはマラッカでロバート・モリソンやウイリアム・ミルンによって設立された英華書院で使われたものであり、極めてまともなテキストであるが、澳門、香港、広東では以下に示すような交易のための簡易なテキストも作られていた。いわゆる「紅毛番話」（「紅毛」は外国人を、「番語」は野蛮なことば、つまりヨーロッパの言語を指す）の類である。

『紅毛通用番話』（璧経堂、大英図書館蔵）
『紅毛番話貿易須知』（富桂堂、大英図書館及びフランス国立図書館蔵）

『紅毛買売通用鬼話』(栄徳堂、フランス国立図書館蔵)
『澳門番語雑字全本』(五桂堂、ドイツ Herzog August Bibliothek 蔵)
『夷音輯要』(架蔵)
(これらの資料については内田慶市・沈国威 編著『言語接触とピジン——19世紀の東アジア』白帝社、二〇〇九参照)

これらはいずれも先に述べた周越然が挙げたものと同じで、「番語」を漢字で表したものである。例えば、次のようである。

一　温《ワン》 one　二　都《トウ》 two　三　地理《ティレイ》 three　四　科《フォ》 four
五　輝《ファイ》 five　六　昔士《シックシ》 six　七　心《サム》 seven
二十　敦地《ドウエンティ》 twenty　二十一　敦地温《ドウエンティワン》 twenty one

基本的には単語レベルのものが大半だが、フレーズ単位のものも見られる。

坐(座る)　薛当《シットダン》 sit down
出去(出て行く)　哥区西《ゴーアウサイ》 go outside

入来（入ってくる）　今因《カムイン》 come in
去了（行った）　哈哥《ハウゴー》 have go
過海（海を渡る）　哥阿罷思《ゴーアバアシー》 go a pass sea

（以上の広東音のルビは筆者による）

その後、『華英通語』（一八四九）、『英話註解』（一八六〇）、『英語集全』（一八六二）、『英字入門』（一八七四）、『英字指南』（一八七九）といったテキストが登場し、こうした初期の英語テキストの基礎の上に、一八九八年には商務印書館の最初の出版物である『華英初階』『華英進階』が出版され、さらには『英語週刊』のような英語学習雑誌なども出版されていくことになるが、『英話註解』には以下のような奇妙な文も現れている。

我不看你。　I no see you.
你要多少。　You want how much.
你幾時走。　You go what time.
不要忘記。　No want forget.
不能進城。　No can inter city.
你甚麼時候来。　You what time come here.

明日没有工夫。　Tomorrow no have time.
久不見你。　Long time no see you.

いわゆる「ピジン英語」である。実は、このピジン現象については、夙《つと》に来華宣教師も次のような例を挙げている。

Velly well.
Chin-chin, how you do? Long time no hab see you.
What thing wantchee?
Just now no got. I think Canton hab got velly few that sutemeet.
Two time before my com, no hab see he.
(S. W. Williams, *Jargon Spoken at Canton*, Chinese Repository, 1836)

金水氏は「ピジンとは、二つ以上の言語が接触する場で、自然発生的に用いられる奇形的な言語である」(本書三四頁)とする。筆者もほぼ同じように、「言語接触」によって生まれ、「限られた語彙・音韻」と母国語の文法の影響を受けた、相手方の言語の規範的な文法、構文を単純化したものと考えているが、まさに、異言語接触によって生まれる典型的な現象であり、とりわけ中国では外国との交流が最も盛んであった広東と上海でその現象が見られた。広東ではそれを「広東英語」「広東番語」と呼び、上海では、中国人の住む町と外国人の租界を隔てる川（洋涇浜《ヤンジンパン》）のほとりで交易が行われたので、その川の名前を取ってピジンの代名詞とも言うべき「洋涇浜《ヤンジンパン》英語」が誕生した。もちろん、上海などではすでに片言の英語を話す「露天通事」（かつていくばくかの英語を学んで、定職がなく、道ばたで外国人のために臨時のガイドや買い物の際の値段の交渉の仲介をして小銭を得ていた人を指す）なるものも存在していた。「洋涇浜英語」はとりあえずなんとか意味が通じればよい、あくまでも「達意」を目的としたものであった。

以下は「洋涇浜英語」の例である。

康姆《カム》 come
谷《ゴー》 go
也司《イヤス》 yes
発茶《ファヅァウ》 father
売茶《マツアウ》 mother
発音落《ファインロッ》 father-in-law

ただ、こうした「洋涇浜英語」をピジンとするか単なる当て字あるいは音訳と見なすべきかという議論は解決されていない。それは、また、日本の和製漢語やカタカナ語をどう扱うかという問題とも関わっている。

一方、ピジンがより進化し母国語化されたものを「クレオール」と呼ぶが、中国語の場合、特に、モンゴル語や満洲語、朝鮮語との接触によってそうした言語が生まれている。「漢児言語」あるいは「蒙文直訳体」「擬蒙漢語」と言われる、いわゆるアルタイ語化された中国語である。その特徴としてはSOVの語順や後置成分の多用、特殊な文末助詞の使用が挙げられる。

例えば、「怎麽漢児言語説的好有？（どうして中国語を話すのが上手なの？）」（『老乞大』）において、「漢児言語説（中国語を話す）」の語順がOVとなり、文末に特殊な助詞「有」（日本語の「〜である」に近い）が用いられている。「你誰根底学文書来？」では「誰と」は中国語本来の「根底誰」でなく「誰根底」となっている。

ところで、日本には「変体漢文」と呼ばれるものがあり、朝鮮にも「吏読体」と言われる文体が存在する。金文京氏（「漢字文化圏の訓読現象」、『和漢比較文学研究の諸問題』所収、汲古書院、一九八八、一八四頁）はこの「変体漢文」を次のように分類している。

（1）記述者は正規の中国文を書くつもりであったが、その中国語に対する知識が未熟の為に破格となったもの。

(2) (1)と同じであるが、その誤りの中に記述者の母語の文法体系あるいは語彙が無意識に反映したもの。

(3) (2)で無意識であったものを意識的に用い、自国語の文法、語彙によって中国文を変形させたもの。

(4) 漢字を表音文字的に用いて自国語を記述したもの。

このうち(2)はまさにピジンの定義そのものである。また、(3)がそのまま記述者の自国語に定着したものが、クレオール、すなわち「漢児言語」ということになるだろう。日本でも黒船来航以来、幕末明治にかけて英語学習が始まるが、当初は「阿めりかことバ和解の写」とか「阿女里香通人」のような「かわら版」が発行されて「なんちゃって英語」も巷では流行していた。例えば、「ておやの事をおらんへーと云」「さかなの事をきよんぽうと云」「おならの事をすかつぽんといふ」(『阿めりかことバ和解の写』より)、「めでたいことをきんぱ」「うれしい事をさんちょろ」(『阿女里香通人』より)といった具合である。

日本における異言語接触の最も典型的な場所は横浜であり、そこでは本書で詳述されている「横浜ことば」も登場した。金水氏によれば実際にそれは使われたものであり

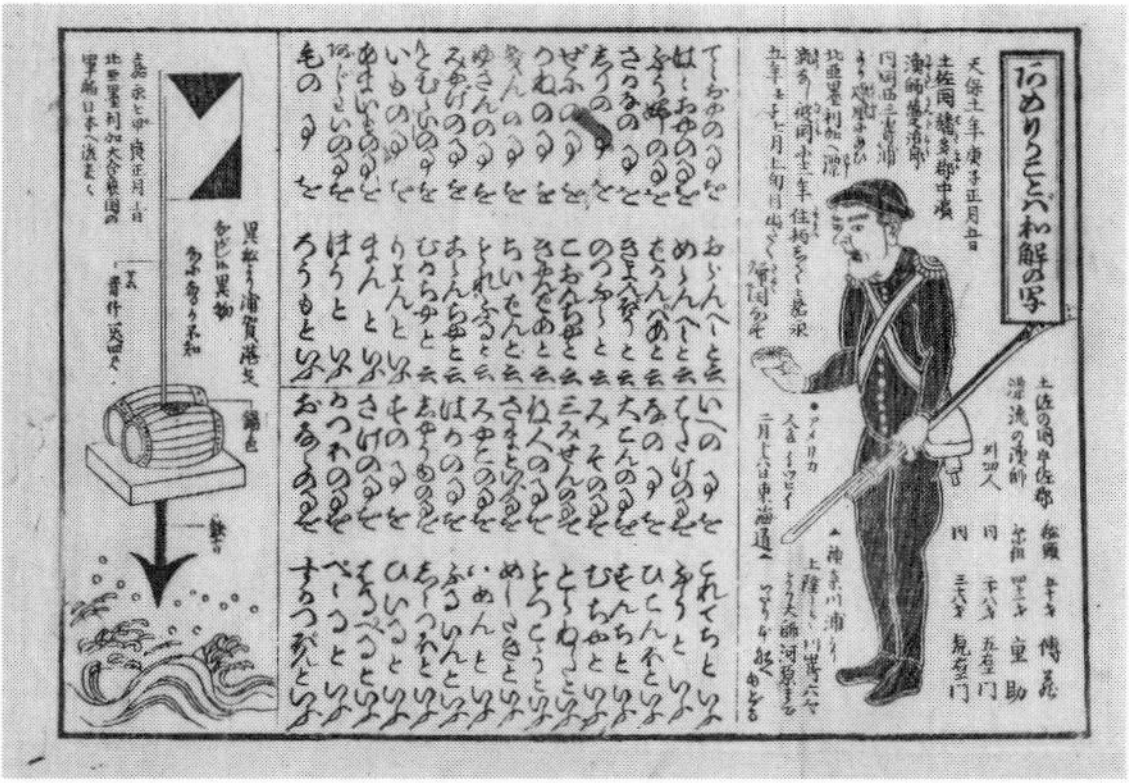

「阿めりかことバ和解の写」(架蔵)

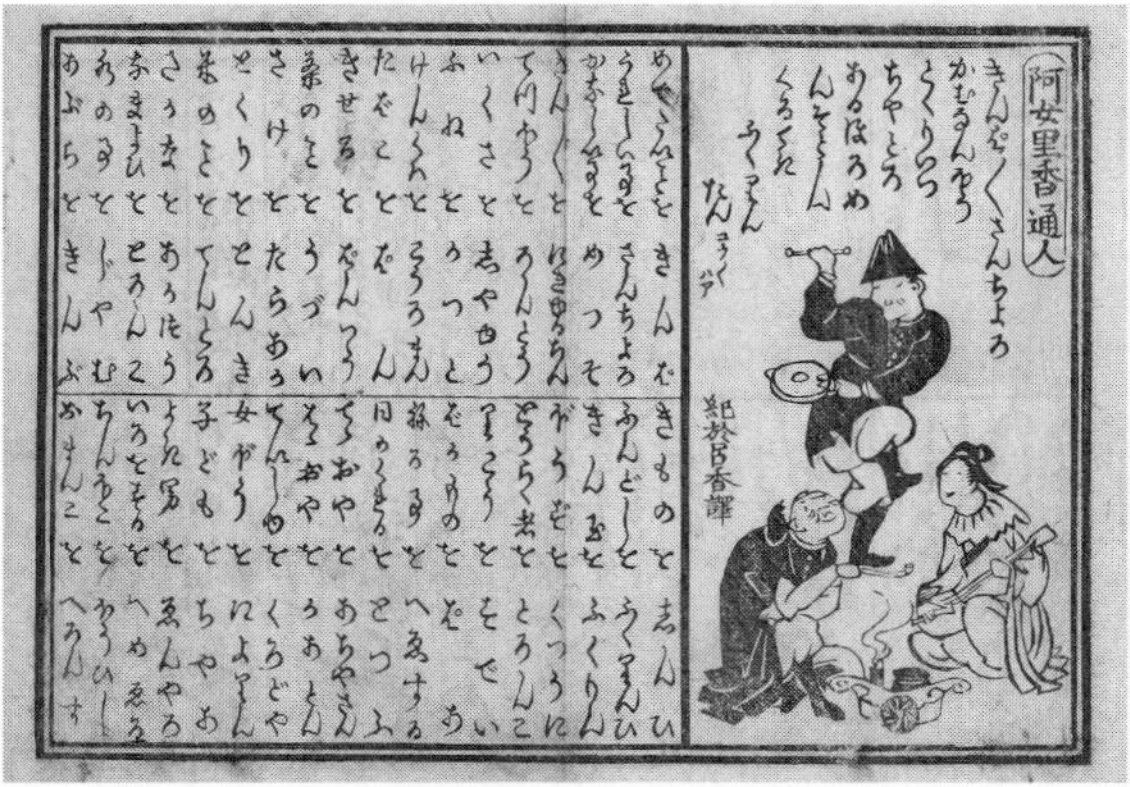

「阿女里香通人」(架蔵)

「リアルなピジン」ということになる。

リアルなピジンという意味では前述の中国におけるピジンも同様であるが、一方でヴァーチャルなピジンというものも存在した。つまり以下のような「満洲ピジン」「兵隊支那語」「沿線官話」「日支合弁語」等々で呼ばれるのがそれである。

ニーデ、トーフデ、イーヤンデ、ショーショー、カタイカタイ、メーユー？

（你的豆腐的一様的少少硬硬没有？　お前の豆腐と同じような固いのはあるか。）

ニーデ、チャガ、ダイコン、ナカ、トンネル、ターター、ユーデ、プーシンナ！

（你的這個蘿蔔中隧道大大有的不行呢。お前のこの大根は中にトンネル＝穴がたくさんあってだめじゃないか。）

トンネル、メーユー！（隧道没有。穴はありません。）

（『国語文化講座　第六巻　國語進出篇』朝日新聞社、一九四二、一三六頁）

また、当時、「軍事絵はがき」というのもあり、それにも同じような多くの「満洲ピジン」が収められている。

「ニデー（お前）どこへ行くんだ……」「オデー（自分）活動でもカンカン（観る）しようと

軍事絵はがき『日満支会話入 教育漫画 従軍陣中生活』(架蔵)

思ふ」「シンク〳〵なァ(御苦労〳〵)」「よしッ!!」(外出)「マンマンデープーシンだぞ(ゆっくりやってはいかん)」「はッ……クワイ〳〵デー(早く)やります」(内務班掃除)

ただし、このピジンは「アルヨことば」と同じく、現実には存在しない言葉であった。日本人は確かにそれを中国語と考えて使っていたが、中国人には意味が通じず、おかしな中国語、あるいは日本語としてとらえられていたはずである。つまり、コミュニケーションの言語ではなかったと思われる。

さて、冒頭で「日本人ならばこれらのセリフを見て、これを話しているのが中国人であることは直観的に分かる」と述べた。ただ、こうした「アルヨことば」は現在の若者にとっては意味不明の言葉になっているかも知れない。以前はゼンジー北京や藤村有弘、少し前のタモリなどが、こうしたけったいなことばを「笑いのネタ」としていたが、これも今ではほとんど見ることはない。それは、差別語的な要素との関係もあるだろうが、やはり「時代性」というものも考慮すべきではないかと思われる。

言葉は時代によって変化するものである。その時の社会情勢に応じて新しい言い回しが登場する。そうした「時代性」という点からは「オネエ言葉」もその一つに数えることができるだろう。

女性語、男性語の区別は日本語などでは明確であるし、英語でもある程度その違いは意識されている。例えば、英語では、以下のように、so/very、lovely/nice、付加疑問の多さ等々で男女の差を区別したりする。

You are so sweet.（あなたって優しいのね）
You are very nice.（君って優しいんだね）

You have a lovely room.（カワイイお部屋ね）
You have a nice room.（良い部屋だね）

It's a divine evening, isn't it?（素敵な夜だったわよね？）
It's a nice evening.（素敵な夜だったね）

「オネエ言葉」は近年メディアでしばしば登場する、本来女性語であるものを男性が用いる一種のジェンダー表現である。日本語だと大体それと分かり、英語でもそれを強調した映画などの台詞から特徴が見出せる。男女の言葉の差や敬語等の区別が極めてあいまいな中国語の場合でも同様である。

中国語では「オネエ言葉」を「娘娘腔《ニャンニャンチャン》」と呼ぶ。その特徴は、語気詞(「嗯」「啊」「嘛」「啊呀」など)の多用、他称の「人家(他人、人さま、あの人)」を自称として用いる、「討厭(いやらしい、いけず)」「〜死了(死ぬほど〜)」といった表現がそれと見なされる。


「我們班有一個娘娘腔、受不了怎麼辦、他問我要東西的時候、老嗯来嗯去的、或啊、嘛、難聴死啦。」

(わたしたちのクラスにオネエ言葉を話す人がいるんだけど、たまんないわ。人にものをねだる時に、いつも「ウーン」とか「アー」とか「マー」とかで、実に聞くに堪えないわ)

「麻娘娘羞答答地回答『人家還没做到這呢、還不讓人家想一想啊?』」

(マーさんは恥ずかしそうに答えて言った。「人がまだこの問題やってないのに、それなのにどうして人にちょっと考えさせてくれないの?」)

「啊呀、銭哲、你一個大男生還要頼、你壊死了、討厭!」

(アーヤー、銭哲ちゃん、一人のいい男が、まだしらを切るって、いやな人、いけず!)

(河崎みゆき『漢語〝角色語言〟研究』商務印書館、二〇一七)


「時代性」という点では、役割語としても機能する「方言」の使用についても「アルヨことば」「オネエ言葉」に通じるものがある。つまり、「方言」から日本全国「標準語化」への明確な時代的な流れであり、将来的には「方言」は役割語としての役割しか果たさなくなってくる可能性もなくはないと思われる。

このように見てくると、役割語は「実用」と「非実用」、「コミュニケーション言語」と「非コミュニケーション言語」、「フィクションの言語」と「ノンフィクションの言語」、さらには「パロル」と「ラング」というような視点からの考察もまた試みられていい問題であり、そうした対立項の狭間で行き来する言語事象として「役割語」を位置づけることもできるだろう。

以上、筆者の興味と専門にいささか引き寄せすぎたきらいもあるが、いずれにしても、本書は「アルヨことば」を「役割語」としてとらえ、異言語接触から生まれる言語事象としてその発生過程、特徴等々を様々な観点から見事にまとめ上げた画期的な論考である。本書の出版によって、「異言語接触研究」は新たな高みへと一段おし上げられることとなったはずである。

（うちだけいいち／中国語学者）

本書は二〇一四年九月に岩波書店より刊行された。

語彙索引

あ 行

か 行

さ 行

た 行

な 行

は 行

ま 行

や 行

ら 行

わ 行

人名索引

英 字

あ 行

か 行

さ 行

た 行

な 行

は 行

ま 行

や 行

ら 行

わ 行

題名索引

な 行

は 行

ま 行

や 行

ら 行

事項索引

あ 行

か 行

さ 行

た 行

な 行

は 行

ま 行

や 行

ら 行

わ 行

年　表

年　紀	政治・軍事・社会	表現作品
1853(嘉永6)	ペリー，浦賀に来港.	
1854(嘉永7)	日米和親条約調印	
1859(安政6)	神奈川・箱館・長崎を開港. 横浜外国人居留地に西洋人の使用人として清国人渡来.	
1863(文久3)		アンベール『幕末日本図絵』(—1864年). スイス時計業組合会長エメェ・アンベール，長崎に到着. 4月27日横浜郊外のオランダ総領事の家に入り，日本人の召使いトオに日本語を習う.
1866(慶応2)	幕府，神奈川・長崎・箱館3港で自由交易許可.	*The Japan Punch*(フランス語学校での出来事)
1867(慶応3)	将軍，大政奉還を朝廷に申し出. 勅許. 神奈川奉行の下に条約未締約国人(清国人)管理のため「在留清国人民籍牌規則」制定.	
1868(慶応4・明治元)	朝廷，王政復古宣言・五箇条の誓文(明治維新).	寺沢正明『一生一話』フランス士官のことば(公刊は山崎有信 編『彰義隊戦史』隆文館，1910年)
1870(明治3)	この年，横浜在留清国人	

	約1000名，うち約900名は定職のない労働者．在留清国人による日本人の子供の買取りと海外への売渡しにつき，厳禁を命令．（日本外交文書）	
1871(明治4)		仮名垣魯文『西洋道中膝栗毛』(公刊は1870-76年)
1872(明治5)	清国人による日本人子供の売買につき，再度その禁止を布告．	仮名垣魯文『安愚楽鍋』 河竹黙阿弥『月宴升毬栗』
1874(明治7)		*The Japan Punch*(ハムレツさん)
1879(明治12)		*Exercises in the Yokohama Dialect* 改訂増補版
1881(明治14)		『新橋芸妓評判記』
1883(明治16)	井上外務卿，黎公使に人身売買禁止への協力を依頼．黎公使，協力を約束．	
1884(明治17)	朝鮮・漢城で金玉均・朴泳孝ら開化派，クーデターを起こし王宮占拠．高宗を擁して政権獲得．竹添公使，日本軍を率いて朝鮮王宮を占領(甲申事変)．	
1887(明治20)		須藤南翠『新粧之佳人』
1888(明治21)	『朝野新聞』，横浜へ移住の清国人が400余名に達し，日本人労働者に脅威と伝える．	
1894(明治27)	**日清両国，宣戦布告(日**	

	清戦争)	
1899(明治 32)	東京府，上海製の六神丸を砒素含有の理由で販売禁止．山東の義和拳，直隷省阜城に進出，「滅洋共和」の旗を掲げる(義和団事件—1900 年)．	
1901(明治 34)		中村春雨(吉蔵)『無花果』
1903(明治 36)	清国領事館，清国人による日本幼児誘拐につき禁止告示を公布．	
1904(明治 37)	**日露両国宣戦布告，日露戦争勃発(—1905 年)．** 「満洲義軍」結成．	
1905(明治 38)	ペテルブルグで「血の日曜日事件」(ロシア 1905 年革命開始)． 大本営，関東州民政署設置．本署・大連．連合艦隊，露バルチック艦隊を破る(日本海海戦)．	
1906(明治 39)	**南満洲鉄道株式会社設立の勅令公布．**	
1907(明治 40)	満鉄総裁後藤新平，満洲への 50 万人移民案を政府に提出． 満鉄，大連でヤマト・ホテル開業．	
1909(明治 42)	夏目漱石，満鉄総裁中村是公の招待により満韓旅行に出発．「満韓ところどころ」『東京朝日新聞』	

	に連載開始. 伊藤博文，ハルビン駅到着直後，韓国人安重根に射殺される.	
1910(明治 43)	韓国併合に関する日韓条約調印	
1911(明治 44)	辛亥革命	
1914(大正 3)	加藤外相，21 カ条対中要求を日置公使に訓令. オーストリア，セルビアに宣戦布告(第一次世界大戦始まる).	
1920(大正 9)		岡本綺堂「蟹のお角」(半七捕物帳)
1921(大正 10)	この年より中国人労働者の来日増加. 特に無許可労働者急増.	岡本綺堂「雪女」「異人の首」 宝塚少女歌劇「邯鄲」 宮沢賢治「山男の四月」(公刊は『注文の多い料理店』1924〔大正 13〕年)
1923(大正 12)	**関東大震災**	夢野久作「クチマネ」
1924(大正 13)		中谷鹿二『日支合辦語から正しき支那語へ』
1928(昭和 3)	張作霖爆殺(満洲某重大事件，皇姑屯事件)	東京日日新聞社会部 編『戊辰物語』 井筒月翁『維新俠艶録』
1929(昭和 4)	ニューヨーク株式市場大暴落(世界恐慌始まる).	
1930(昭和 5)	世界恐慌，日本に波及(昭和恐慌).	
1931(昭和 6)	関東軍参謀ら，奉天郊外柳条湖で満鉄線路を爆破.	

	これを中国の所為として総攻撃開始(満洲事変,九・一八事変始まる).	
1932(昭和 7)	満洲国建国宣言.	田河水泡『のらくろ上等兵』
1933(昭和 8)	日本,国際連盟脱退.	坪田譲治「支那手品」(手品師と善太)
1934(昭和 9)	執政溥儀,満洲国皇帝に即位.帝政実施.	坪田譲治「善太の四季」
1935(昭和 10)		萩原朔太郎「日清戦争異聞(原田重吉の夢)」
1937(昭和 12)	北平近郊盧溝橋で日中両軍衝突(盧溝橋事件). 国民政府,日中国交断絶と同時に日本在留中国人の総引揚げを行うと決定し,許世英大使に訓電(日中戦争開戦).	田河水泡『のらくろ総攻撃』ミスワカナ・玉松一郎をふくむ「わらわし隊」,中国へ派遣される.
1938(昭和 13)	満蒙開拓青少年義勇軍第1次先発隊5000名,11班に分かれ出発開始.	田河水泡『のらくろ決死隊長』『のらくろ武勇談』 時雨音羽 詞「チンライぶし」 石川達三「生きてゐる兵隊」
1939(昭和 14)	ノモンハンでソ連・モンゴル軍,総攻撃開始,日本軍壊滅的敗北.	海野十三『人造人間エフ氏』 新居格 編『支那在留日本人小学生綴方現地報告』
1940(昭和 15)		田河水泡『のらくろ探検隊』
1941(昭和 16)	日本軍,マレー半島に上陸,ハワイ真珠湾を空爆. 米英両国に宣戦の詔書. 米英,対日宣戦布告.	
1943(昭和 18)	日満開拓主任官会議,新京で開催.五十子巻三満	

	洲国開拓総局長，日本人開拓民14万5000人と報告．	
1945(昭和20)	東京大空襲．米軍機B29，広島，長崎に原子爆弾投下．**天皇，戦争終結の詔書を放送**(8月15日正午)．**満洲国解散宣言**．外務省の調査によれば，中国在留一般日本人の総数約40万人，と報じられる．	
1946(昭和21)	日本国憲法公布．大村内相，中国人は「第三国人」という衆議院予算委員会での発言を取消し，連合国人であると釈明．	
1947(昭和22)	中国・大連，葫蘆島等から舞鶴，博多，佐世保に引き揚げ船が続々入港．	
1948(昭和23)	極東軍事裁判判決．大韓民国樹立．	
1949(昭和24)	**中華人民共和国成立**．蔣介石率いる国民党が台湾上陸．台北で執務を開始．	
1950(昭和25)		連環画『鶏毛信』(原作：華山，改編：張再学，絵：劉継卣)
1952(昭和27)		手塚治虫「ぼくのそんごくう」(—1959年)
1954(昭和29)		ミュージカル映画「七変

		化狸御殿」(監督：大曽根辰夫・主演：美空ひばり)
		抗日映画「鶏毛信」(監督：石揮)
1955(昭和30)		前谷惟光『ロボット三等兵』寿書房から発売(―1957年)
1956(昭和31)	日本，国際連合に加盟.	五味川純平『人間の條件 第1部』
1957(昭和32)		上田トシコ「フイチンさん」
1959(昭和34)		映画「人間の條件」(監督：小林正樹)(―1961年)
1960(昭和35)		映画「バナナ」(監督：渋谷実)
		映画「拳銃無頼帖 抜き射ちの竜」(監督：野口博志)
1962(昭和37)		映画「喜劇 駅前飯店」(監督：久松静児)
1963(昭和38)		ゼンジー北京，独立して新花月や角座に出演.
1964(昭和39)		石ノ森章太郎「サイボーグ009」(―1998年)
		NHK人形劇「ひょっこりひょうたん島」始まる(―1969年)
1965(昭和40)		抗日映画「地道戦」(監督：任旭東)
1966(昭和41)	中国で文化大革命始まる.紅衛兵結成.	アニメ映画「サイボーグ009」(監督：芹川有吾)
1967(昭和42)		アニメ映画「サイボーグ009 怪獣戦争」(監督：芹

		川有吾)
1968(昭和43)	学生運動が全国に広がる.	テレビアニメ「サイボーグ009」
1969(昭和44)	全共闘学生，東京大学安田講堂を占拠. 機動隊が突入して封鎖解除と大量検挙を行う(東大安田講堂事件).	
1971(昭和46)	ニクソン大統領政権下，キッシンジャー大統領補佐官が二度にわたって中華人民共和国に渡航. 名古屋市で開かれた世界卓球選手権に中華人民共和国が参加(ピンポン外交の始まり).	
1972(昭和47)	田中角栄首相が中国を訪問，日中共同声明.	
1973(昭和48)	中国で「批林批孔運動」(1976年まで).	映画「燃えよドラゴン」日本公開. ちばてつや「屋根うらの絵本かき」
1976(昭和51)		手塚治虫「三つ目がとおる—暗黒街のプリンス—」
1978(昭和53)	日中平和友好条約締結.	「スネーキーモンキー 蛇拳」「ドランクモンキー 酔拳」(ともにジャッキー・チェン主演)世界的ヒット.
1979(昭和54)	アメリカ，中華人民共和国と国交樹立.	水上勉「小孩(しょうはい)」

1980(昭和 55)		鳥山明「Dr. スランプ」始まる(—1984 年)
1981(昭和 56)	厚生省が中心となって，中国残留孤児の訪日・肉親捜しが始まる．	手塚治虫「七色いんこ—化石の森—」 一条ゆかり「有閑倶楽部」開始． 棟田博『続・陸軍よもやま物語』
1986(昭和 61)		日本で「幽玄道士」シリーズ，「霊幻道士」シリーズ公開始まる．「キョンシー」ブーム．
1987(昭和 62)		高橋留美子「らんま½」始まる(—1996 年)
1989(平成元)	六四天安門事件	あさぎり夕「ミンミン！」開始(—1992 年)． ドラマ「魔法少女ちゅうかなぱいぱい！」「魔法少女ちゅうかないぱねま！」
1991(平成 3)		カプコン「ストリートファイターⅡ」に「春麗(チュンリー)」登場．
1992(平成 4)	天皇皇后，中国を訪問．	
1993(平成 5)		セガ「バーチャファイター」に「パイ・チェン」登場．
1994(平成 6)		山口盈文『僕は八路軍の少年兵だった』
1998(平成 10)	江沢民国家主席，日本を訪問．日中共同宣言．	
2000(平成 12)		映画「鬼が来た！」(監督：姜文)カンヌ国際映

		画祭グランプリ． 柴門ふみ『九龍で会いましょう 上』 映画「グリーン・デスティニー」(監督：アン・リー・出演：チャン・ツィイー他)
2001(平成 13)		雷句誠「金色のガッシュ!!」始まる(—2008 年) 森田拳次『ぼくの満洲 上・下』
2004(平成 16)		空知英秋「銀魂」始まる． 荒川弘『鋼の錬金術師』8
2005(平成 17)	中国で大規模な反日デモ．	
2006(平成 18)		フジテレビ「はねるのトびら」で「回転 SUSHI」
2007(平成 19)		野中のばら『たびたびあじあ 上海』
2008(平成 20)		日丸屋秀和『Axis Powers ヘタリア』
2010(平成 22)	尖閣諸島中国漁船衝突事件．	
2012(平成 24)	尖閣諸島を国有化．	

＊『近代日中関係史年表』(岩波書店，2006)及び『日中関係史』(有斐閣，2013)を中心に，その他の資料も参照しながら作成した．

コレモ日本語アルカ？—異人のことばが生まれるとき

2023年6月15日　第1刷発行

著　者　金《きん》水《すい》　敏《さとし》

発行者　坂本政謙

発行所　株式会社　岩波書店
〒101-8002 東京都千代田区一ツ橋2-5-5
案内 03-5210-4000　営業部 03-5210-4111
https://www.iwanami.co.jp/

印刷・精興社　製本・中永製本

ISBN 978-4-00-600467-5　Printed in Japan

岩波現代文庫創刊二〇年に際して

二一世紀が始まってからすでに二〇年が経とうとしています。この間のグローバル化の急激な進行は世界のあり方を大きく変えました。世界規模で経済や情報の結びつきが強まるとともに、国境を越えた人の移動は日常の光景となり、今やどこに住んでいても、私たちの暮らしは世界中の様々な出来事と無関係ではいられません。しかし、グローバル化の中で否応なくもたらされる「他者」との出会いや交流は、新たな文化や価値観だけではなく、摩擦や衝突、そしてしばしば憎悪までをも生み出しています。グローバル化にともなう副作用は、その恩恵を遥かにこえていると言わざるを得ません。

今私たちに求められているのは、国内、国外にかかわらず、異なる歴史や経験、文化を持つ「他者」と向き合い、よりよい関係を結び直してゆくための想像力、構想力ではないでしょうか。

新世紀の到来を目前にした二〇〇〇年一月に創刊された岩波現代文庫は、この二〇年を通して、哲学や歴史、経済、自然科学から、小説やエッセイ、ルポルタージュにいたるまで幅広いジャンルの書目を刊行してきました。一〇〇〇点を超える書目には、人類が直面してきた様々な課題と、試行錯誤の営みが刻まれています。読書を通した過去の「他者」との出会いから得られる知識や経験は、私たちがよりよい社会を作り上げてゆくために大きな示唆を与えてくれるはずです。

一冊の本が世界を変える大きな力を持つことを信じ、岩波現代文庫はこれからもさらなるラインナップの充実をめざしてゆきます。

（二〇二〇年一月）

岩波現代文庫[学術]

G462
排除の現象学
赤坂憲雄

いじめ、ホームレス殺害、宗教集団への批判――八十年代の事件の数々から、異人が見出され生贄とされる、共同体の暴力を読み解く。時を超えて現代社会に切実に響く、傑作評論。

G463
越境する民
近代大阪の朝鮮人史
杉原達

暮しの中で朝鮮人と出会った日本人の外国人認識はどのように形成されたのか。その後の研究に大きな影響を与えた「地域からの世界史」。

G464
越境を生きる
ベネディクト・アンダーソン回想録
ベネディクト・アンダーソン
加藤剛訳

『想像の共同体』の著者が、自身の研究と人生を振り返り、学問的・文化的枠組にとらわれず自由に生き、学ぶことの大切さを説く。

G465
我々はどのような生き物なのか
―言語と政治をめぐる二講演―
ノーム・チョムスキー
福井直樹
辻子美保子編訳

政治活動家チョムスキーの土台に科学者としての人間観があることを初めて明確に示した二〇一四年来日時の講演とインタビュー。

G466
ヴァーチャル日本語 役割語の謎
金水敏

現実には存在しなくても、いかにもそれらしく感じる言葉づかい「役割語」。誰がいつ作ったのか。なぜみんなが知っているのか。何のためにあるのか。〈解説〉田中ゆかり

2023.6

岩波現代文庫[学術]

G467
コレモ日本語アルカ？
―異人のことばが生まれるとき―

金水　敏

ピジンとして生まれた〈アルヨことば〉は役割語となり、それがまとう中国人イメージを変容させつつ生き延びてきた。〈解説〉内田慶市

G468
東北学／忘れられた東北

赤坂憲雄

驚きと喜びに満ちた野辺歩きから、「いくつもの東北」が姿を現し、日本文化像の転換を迫る。「東北学」という方法のマニフェストともなった著作の、増補決定版。

2023. 6